Novotny

Ausgewogen essen in der Schwangerschaft

Die Autorin

Dr. med. Ulrike Novotny arbeitete zunächst als Ärztin in der Klinik. Als Mutter zweier Kinder tauschte sie den weißen Kittel gegen den heimischen Schreibtisch. Seit 8 Jahren ist sie u.a. als Medizinjournalistin mit dem Schwerpunkt Naturheilverfahren, Ernährung, Frauen, Kinder, Fitneß und Gesundheit tätig.

Dr. med. Ulrike Novotny

Ausgewogen essen in der Schwangerschaft

- Was Sie und Ihr Baby jetzt brauchen
- Kalorienbewußte Ernährung mit allen wichtigen Biostoffen
- Viele gesunde Kochideen im farbigen Rezeptteil

TRIAS

Leserservice:

Wenn Sie Fragen oder Anregungen zu diesem Buch haben, schreiben Sie uns:
TRIAS Verlag
Postfach 301107
D-70451 Stuttgart
oder schicken Sie uns eine E-Mail an:
Uta.Spieldiener@thieme.de

Umschlaggestaltung:
Cyclus · D+P Loenicker, Stuttgart

Lektorat und Bildredaktion:
Uta Spieldiener

Textzeichnungen:
Friedrich Hartmann, Nagold

Bildnachweis:
Cover: Mauritius; Bavaria: S. 88; Norbert Reismann: S. 79, 104, 109; WZ-Media: S. 66; WDV: S. 10, 43, 102; Photo Alto: S. 34, 46, 78, 85, Buchrückseite; Scorpius: S. 19, 55, 58; Health and Medicine: S. 70; Food and Dining: S. 8; Ketchum: S. 114, 118, 121, 122, 125, 126, 128, 129, 130, 131, 133, 135, 137, 139, 141; MEV: S. 119

Die Deutsche Bibliothek –
CIP-Einheitsaufnahme
Novotny, Ulrike:
Ausgewogen essen in der Schwangerschaft : was Sie und Ihr Baby jetzt brauchen ; kalorienbewußte Ernährung mit allen wichtigen Biostoffen ; viele gesunde Kochideen im farbigen Rezeptteil / Ulrike Novotny. [Textzeichn.: Friedrich Hartmann]. – Stuttgart : TRIAS, 1999

Gedruckt auf chlorfrei gebleichtem Papier

Rüdigerstraße 14, D-70469 Stuttgart
Printed in Germany
Satz: Fotosatz H. Buck, Kumhausen
Druck: Westermann-Druck, Zwickau

ISBN 3-89373-486-4 1 2 3 4 5 6

Wichtiger Hinweis:
Wie jede Wissenschaft ist die Medizin ständigen Entwicklungen unterworfen. Forschung und klinische Erfahrung erweitern unsere Erkenntnisse, insbesondere was Behandlung und medikamentöse Therapie anbelangt. Soweit in diesem Werk eine Dosierung oder eine Applikation erwähnt wird, darf der Leser zwar darauf vertrauen, daß Autoren, Herausgeber und Verlag große Sorgfalt darauf verwandt haben, daß diese Angabe **dem Wissensstand bei Fertigstellung des Werkes** entspricht. Für Angaben über Dosierungsanweisungen und Applikationsformen kann vom Verlag jedoch keine Gewähr übernommen werden. **Jeder Benutzer ist angehalten,** durch sorgfältige Prüfung der Beipackzettel der verwendeten Präparate und gegebenenfalls nach Konsultation eines Spezialisten festzustellen, ob die dort gegebene Empfehlung für Dosierungen oder die Beachtung von Kontraindikationen gegenüber der Angabe in diesem Buch abweicht. Eine solche Prüfung ist besonders wichtig bei selten verwendeten Präparaten oder solchen, die neu auf den Markt gebracht worden sind. **Jede Dosierung oder Applikation erfolgt auf eigene Gefahr des Benutzers.** Autoren und Verlag appellieren an jeden Benutzer, ihm etwa auffallende Ungenauigkeiten dem Verlag mitzuteilen.

Was dieses Buch will

Schon bevor ein Baby in die Welt blinzelt, sorgen werdende Mütter heute ganz bewußt für ihr Kleines, ebenso wie sie sich meist bewußt für ein Kind entschieden haben. Was kann die werdende Mutter nun essen, damit das in ihr wachsende Leben einen bestmöglichen Start bekommt? Oder hat das Essen doch nicht so einen großen Einfluß? Besteht die Gefahr, etwas falsch zu machen?

In diesem Buch erfahren Sie viel Interessantes über die Ernährung in der Schwangerschaft, die Sie aber auch beibehalten können, wenn Ihr Baby auf der Welt ist. Seien Sie unbesorgt: Die Freude am Genuß wird nicht zu kurz kommen, und endlose Nahrungsmittel- und Kalorientabellen werden Sie umsonst suchen. Wozu Sie in der Schwangerschaft aufgrund der Umstellungen im Körper wunderbar Gelegenheit haben, das ist ein ganz genaues Horchen auf Ihre Bedürfnisse, auch, was das Essen anbelangt. Die Natur hat es klug eingerichtet, daß Sie jetzt ganz besonders sensibel gegenüber Signalen Ihres Körpers werden. Das Buch soll Sie daher ermutigen, Ihre ganz persönliche Schwangerschafts-«Diät« zu finden, um so das Beste für sich und für Ihr Kind zu bekommen.

Ich wünsche Ihnen alles Gute!
Ulrike Novotny   Radolfzell, im Januar '99

Essen für mich und Essen fürs Baby

Warum die Ernährung in der Schwangerschaft so wichtig ist? Alle Aufbaustoffe und Energieträger außer dem Sauerstoff gelangen über Essen und Getränke in den Körper. Ihr wachsendes Baby holt sich aus Ihnen, was es braucht. Sie selbst aber müssen das Angebot aus der Nahrung aufstocken! Was Sie und Ihr Baby in der Schwangerschaft besonders brauchen, lesen Sie in diesem Kapitel.

Munteres Mampfen oder dürre Diät?

Wenn ich einfach mehr esse, kann doch nichts schiefgehen, denken manche. Und zunehmen darf ich ja jetzt endlich einmal ganz offiziell. Warum sich also den Kopf zerbrechen?

Bitte essen Sie nicht »für zwei«! Ihr Mehrbedarf an Energie ist nur gering.

Mit diesen Vorstellungen liegt man jedoch völlig falsch, denn in den ersten drei Monaten ist Ihr Kalorienbedarf kaum erhöht und danach nur um rund 300 Kalorien am Tag. (Das entspricht etwa 2 Scheiben Brot und einem Joghurt). Die Sache ist die, daß unsere Ernährung heute zwar so üppig ist, wie sie selten war, dafür aber von der Qualität her zu wünschen übrig läßt. Trotz eines Schlemmens im Überfluß können Ärzte bei »Gesunden« unterschwellige Nährstoffmängel feststellen. Kommt dann noch eine Schwangerschaft hinzu, dann wird es schnell eng. Natürlich kann man (und soll man, wenn es der Arzt verordnet) nun Kalzium-, Magnesium-, Eisen-, Folsäure- und Jodpräparate einnehmen. Der Haken dabei ist jedoch, daß diese Nährstoffe, gemeinsam mit anderen in einem gesunden Nahrungsmittel aufgenommen, eine viel bessere Wirkung entfalten als die Einzelpräparate. Da sollen Sie Eisen nicht zusammen mit einer Mahlzeit einnehmen, damit es überhaupt ins Blut aufgenommen wird. Nehmen Sie es nüchtern, dann drückt es im Magen. Das macht wiederum eine spezielle Aufbereitung der Kapsel notwendig. Viel besser ist eine natürliche Ernährung.

Wadenkrämpfe verschwinden oft von einem Tag zum anderen, wenn Sie ein Magnesium-Präparat einnehmen.

Ist ein offenkundiger Mangel schon eingetreten, wird man natürlich nicht warten, bis Sie ihn mit einer vollwertigen Ernährung ausgebügelt haben. Dort haben Kapseln und Tabletten ihren Platz. Man sollte aber auf keinen Fall eine vollwertige Ernährung vergessen, nur weil der Arzt Vitamin- oder Mineralstofftabletten verordnet hat. Die Natur bietet nämlich in den Lebensmitteln zahllose sinnvolle »Biostoffe« an, die größtenteils heute noch gar nicht bekannt sind. Und die liefert Ihnen kein Präparat der Welt.

Die »offiziellen« Empfehlungen

Ich möchte Ihnen hier eine etwas andere als die übliche Tabelle zum erhöhten Bedarf in der Schwangerschaft vorstellen. Ich halte es für wenig sinnvoll, Kalorien zu zählen, und noch viel weniger realistisch, daß Sie plötzlich Ihre Lebensmittel nur noch nach dem Aspekt Magnesium & Co. in Ihren Einkaufswagen sortieren. Um aber einen ungefähren Einblick zu geben, wieviel mehr Sie jetzt überhaupt benötigen, können Sie sich in Tabelle 1 informieren.

Die Nährstoffempfehlungen sind so ausgelegt, daß sie »in der Durchschnittsbevölkerung« den Vitalstoffbedarf sicher decken. Deshalb gibt es einen »Sicherheitsspielraum«. Für den einzelnen kann der Bedarf auch einmal niedriger oder höher ausfallen.

Vor allem die wasserlöslichen Vitamine mit Ausnahme des Vitamins B_{12} besitzen kaum ein Depot im Körper. Hier kann ein unterschwelliger Mangel schon vor der Schwangerschaft bestehen. Die fettlöslichen Vitamine (A, D, E) können im Körper deponiert werden, Vitamin A ist in höheren Dosierungen sogar gerade in der Schwangerschaft giftig, es kann die Frucht schädigen. Aber auch hier sollten Sie sich nicht durch Tabellen ins Bockshorn jagen lassen. Die Möglichkeit der Überdosierung mit ungünstigen Folgen für das werdende Leben bezieht sich vor allem auf synthetisch hergestelltes Vitamin A. Karotten, deren hoher Beta-Carotin-Gehalt im Körper in Vitamin A umgewandelt wird, sind völlig unbedenklich. Verzichten sollten Sie lediglich auf Leber und auf Fischöl-Präparate, die reich an Vitamin A sind.

Vorsicht bei Nahrungsergänzung aus dem Fitneßstudio – sie kann Extraportionen Vitamin A enthalten.

Das Zauberwort: höhere Nährstoffdichte

Wie Sie aus Tabelle 1 ersehen können, steigt Ihr Bedarf an Vitaminen und Mineralstoffen zum Teil stark an. In einigen Fällen verdoppelt er sich sogar. Und Sie haben auch erfahren, daß Sie aber nur etwa 300 Kilokalorien mehr essen sollen, und das auch erst ab dem 4. Monat. Wie bekommt man nun diesen Spagat hin? Das Zauberwort heißt »Nährstoffdichte«.

Bei Vitamin D, Eisen und Folsäure verdoppelt sich der Bedarf.

Tab. 1: Der veränderte Nährstoffbedarf in der Schwangerschaft

Die 2. Spalte zeigt Ihnen, um wieviel Ihr Bedarf gegenüber einer nichtschwangeren jungen Frau erhöht ist (die Werte sind gerundet). Die 3. Spalte gibt Ihren Gesamtbedarf ab dem 4. Monat an.

Nährstoffe	erhöhter Bedarf gegenüber Nichtschwangeren	Gesamtbedarf ab 4. Monat
Energie	1/7	individuell unterschiedlich! Ca. 2500 kcal
Eiweiß	1/6	ca. 60 g
Kalzium	1/3	1200 mg
Eisen	2 (das Doppelte!)	30 mg
Jod	1/5	230 mg
Zink	1/4	15 mg
Vitamin A	1/4	1,1 mg Retinoläquivalent
Vitamin D	2	10 µg
Vitamin E	1/6	14 mg
Vitamin B_1	1/2	2,5 mg
Vitamin B_2	1/5	2,8 mg
Niacin	1/7	17 mg
Vitamin B_6	2/3	2,6 mg
Folsäure * (schon zu Beginn der Schwangerschaft)	2–2,5 (mehr als das Doppelte!)	300–400 µg (µg = Mikrogramm = 1 Tausendstel Gramm)
Vitamin B_{12}	1/6	3,5 µg
Vitamin C	1/3	100 mg

* Die Empfehlung der Deutschen Gesellschaft für Ernährung zur Folsäureaufnahme bei Nichtschwangeren wird zukünftig höher angegeben als bisher. (Errechnet aus Angaben der DGE 1995)

Was bedeutet »Nährstoffdichte«?

Der Gehalt der Nährstoffe wird ins Verhältnis zum Energiegehalt gesetzt. Ein Lebensmittel mit vielen Nährstoffen im Vergleich zum Kaloriengehalt ist dichter mit Nährstoffen bepackt als ein Nahrungsmittel mit wenigen Nährstoffen. Ein Vollkornkeks mit 30 kcal ist damit nährstoffdichter als ein Lollipop mit der gleichen Kalorienzahl. Essen Sie nährstoffdichte Lebensmittel, dann kommen Sie bei gleicher Kalorienaufnahme auf viel mehr Vitalstoffe als bei Genuß »leerer« Kalorien (oder nährstoffarmer Leckereien).

Der Begriff der Nährstoffdichte sollte Sie durch die ganze Schwangerschaft hindurch begleiten: Achten Sie bei dem, was Sie essen, immer darauf, daß Sie mit der Extra-Portion Vitamine nicht auch unverhältnismäßig viele Kalorien aufnehmen. Ausnahme: Sie sind stark untergewichtig und sollen zunehmen (siehe Seite 62).

Sind Sie gut mit Vitaminen und Mineralstoffen versorgt?

Die Angaben der Deutschen Gesellschaft für Ernährung (DGE) können nur repräsentativ für weite Bevölkerungsgruppen sein, sind es aber nicht im Einzelfall. Ein Beispiel: Wieviel Vitamin C gerade Sie brauchen, hängt auch davon ab, ob Sie bisher geraucht haben oder Passivraucherin sind oder ob Sie häufiger an Infekten leiden. Die folgenden Checklisten können Ihnen eine Übersicht geben, ob die Versorgung bei Ihnen gut oder möglicherweise kritisch ist.

Kontrollen der Vitamin- und Mineralstoffspiegel im Blut sind nicht in allen Fällen sinnvoll, da sie nicht die Verhältnisse im Inneren der Zelle wiedergeben, dort, wo die Nährstoffe ihren eigentlichen Wirkort haben.

Kalzium

Anhand der folgenden Checkliste können Sie selbst erkennen, wie es um Ihre Kalziumversorgung bestellt ist.

Die empfohlene Menge von 1200 mg Kalzium ist in 400 ml Milch, 180 g Joghurt und 40 g Hartkäse (60 g Weichkäse) enthalten.

Checkliste

Wie ist Ihre Kalziumversorgung?

- Trinken Sie viel Kaffee oder Tee? (beide hemmen die Aufnahme von Kalzium)
- Essen Sie viel Tomaten, Spinat, Rhabarber, Kakaoprodukte? (die enthaltene Oxalsäure hemmt die Aufnahme von Kalzium)
- Essen Sie viel Salziges? (Wenn Kochsalz ausgeschieden wird, geht auch Kalzium verloren)
- Haben Sie häufiger Schlankheits-Diäten gemacht? (diese können mit einer Kalzium-Minderversorgung einhergehen)
- Nehmen Sie viele Phosphate auf? (in Wurstwaren u.a. industriell bearbeiteten Nahrungsmitteln, in Colagetränken; sie hemmen die Kalziumverwertung)
- Essen Sie reichlich Milchprodukte (Käse, Joghurt), trinken Sie Milch?
- Essen Sie häufiger andere günstige Kalzium-Quellen (siehe Kasten)?

Etwa bei der Hälfte der Frauen entspricht die Kalziumaufnahme nicht der Empfehlung. In Deutschland liegt die Zufuhrempfehlung im internationalen Vergleich allerdings recht hoch.

Tip Wenn Sie keine Milch mögen, ist vielleicht ein Mangel an milchzuckerspaltendem Enzym Laktase schuld. Besser verträglich sind dann z.B. Sauermilchprodukte (Joghurt, Kefir, Buttermilch) und Käse. Sehr kalziumreich ist Hartkäse. Kaffee-Ersatz (Malzkaffee) regt durch seine Bitterstoffe die Verdauungsdrüsen an und macht Milch ebenfalls bekömmlicher.

Ein Kalziummangel macht sich in der Schwangerschaft nicht akut bemerkbar. Das benötigte Mineral wird aus den Knochen bezogen, wenn die Nahrung nicht genug bietet. Erst in den Wechseljahren äußert sich das durch eine Knochenbrüchigkeit (Osteoporose). Da aber mit steigendem Alter Kalzium immer schlechter verwertet wird, sollten Sie heute schon vorbeugen. Bei Bluthochdruck in der Schwangerschaft ist eine ausreichende Kalziumversorgung besonders wichtig.

Tip Achten Sie beim Kauf des Mineralwassers auf einen Kalziumgehalt von mindestens 150 mg pro Liter. Einige Marken enthalten sogar bis 500 mg pro Liter.

Günstige Kalziumquellen sind:

- Milchprodukte
- Sojabohnen
- Leinsamen
- Nüsse (enthalten auch Phosphate, daneben günstige Fettsäuren – Energiegehalt beachten!)
- Grünkohl
- Brokkoli
- grüne Bohnen

Eisen

Es ist normal, daß der Blutspiegel dieses Spurenelementes im Lauf der Schwangerschaft schon allein deswegen absinkt, weil sich die Flüssigkeit im Blut vermehrt. Deshalb ist ein Eisenwert, der sonst schon auf eine Blutarmut hindeutet, in der Schwangerschaft noch normal. Da aber der Bedarf um das Doppelte gesteigert ist, kommt es doch recht häufig zum Eisenmangel. Das soll nicht sein, denn Eisen ist in den roten Blutkörperchen indirekt am Sauerstofftransport beteiligt und damit ungemein wichtig.

Checkliste

Sind Sie eisenmangelgefährdet?

- Ist Ihre Monatsblutung stärker/länger als üblich (3 bis 5 Tage, Tamponverbrauch ca. 5–6 pro Tag) gewesen?
- Trinken Sie viel Schwarztee? (er hemmt die Eisenaufnahme)
- Essen Sie viele Lebensmittel mit Oxalsäure? (siehe Kalzium)

Vorsicht! Leber enthält sehr viel gut resorbierbares Eisen. Vom Genuß ist in der Schwangerschaft dennoch abzuraten, da der hohe Vitamin-A-Gehalt das Baby schädigen kann!

Die Eisenaufnahme deckt bei Frauen schon bei »Normalbetrieb« den tatsächlichen Bedarf nur zu 80%. In der Schwangerschaft kann es schnell kritisch werden. Da ein Eisenmangel häufiger mit Frühgeburten verbunden ist, wird Ihr Arzt nicht zögern, im Bedarfsfall ein Eisenpräparat zu verschreiben. Sie können aber auch selbst mit der Ernährung zur Eisenversorgung beitragen. Auf Werte, die vor der Schwangerschaft üblich waren, braucht der Eisenspiegel dabei nicht anzusteigen; ein niedriger Eisenspiegel bietet einen gewissen Schutz vor Infektionen.

Phytinsäure aus den äußeren Kornschichten hemmt die Aufnahme von Mineralien wie Eisen, Kalzium und Zink. Durch Sauerteigführung oder Keimenlassen/Einweichen des Vollgetreides wird die Phytinsäure zerstört. Wollen Sie rohen Vollkornschrot essen, bitte über Nacht einweichen lassen!

Günstige Eisenquellen (neben Muskelfleisch) sind:

- Haferflocken
- Sojabohnen
- Hülsenfrüchte
- Hirse
- Brot
- unpolierter Reis
- Eier

Sie sehen hier lauter pflanzliche Nahrungsmittel. Warum haben dann Vegetarier einen niedrigeren Eisenspiegel? Weil Eisen aus pflanzlichen Quellen schlechter als solches aus tierischen Quellen resorbiert, also vom Darm aus ins Blut aufgenommen wird. Helfen Sie mit einem Trick nach: Da Frucht- und Milchsäure und Vitamin C die Eisenaufnahme stark verbessern, sollten Sie immer ein Glas Orangensaft dazu trinken! Dadurch erhöht sich die Eisenausbeute um das Dreifache.

Jod

Das Risiko einer sogenannten Hypothyreose beim Baby, also einer Unterfunktion der Schilddrüse, möchte heute niemand mehr eingehen. Da landauf, landab die Jodversorgung recht schlecht ist, zögern auch hier Ärzte nicht lange und setzen lieber auf Sicherheit. Besprechen Sie sich mit Ihrem Arzt, wenn Sie viel Seefisch essen (2–3mal

Ein ausgeprägter Mangel kann zur Schilddrüsenunterfunktion des Neugeborenen mit Kretinismus (Schwachsinnigkeit) führen.

Nicht nur Ihrem Baby bekommt gesundes Essen gut. Auch Ihr Aussehen und Ihre Laune haben sichtbar etwas davon!

pro Woche, auch aus anderen Gründen gesund) und Jodsalz verwenden. Dann ist eine zusätzliche Einnahme evtl. nicht notwendig. Da aber die Jodversorgung bei uns nicht einmal an den Normalbedarf heranreicht, der in der Schwangerschaft noch einmal ansteigt (siehe Tab. 1), ist man hier nicht kleinlich. Eine Einnahme von 200 µg-Tabletten wird allgemein empfohlen. Wäre dieses Angebot für Ihren Körper zu viel, würde er die Aufnahme dieses Spurenelementes von der Nahrung in den Körper von selbst einschränken. Die Gefahr einer Überdosierung besteht also nicht.

Achten Sie bei Fertigprodukten (Zutatenliste!) darauf, ob Jodsalz verwendet wurde. Auch Brot und anderen Backwaren wird immer öfter das wertvolle Spurenelement zugesetzt. Fragen Sie Ihren Bäcker danach.

Vitamin D

Bei Sonneneinstrahlung wird dieses Vitamin in der Haut gebildet. Es ist für den Knochenaufbau verantwortlich, bei Ihnen wie bei Ihrem werdenden Kind. Deshalb sorgt es auch dafür, daß Kalzium überhaupt ins Blut aufgenommen wird. Regelmäßig einmal täglich für 30 Minuten (bei bedecktem Himmel etwas länger) nach draußen gehen reicht, um in den lichtausgesetzten Partien (Gesicht, Hände) genug Vitamin D zu bilden. Sie brauchen und sollen nicht in der prallen Sonne braten, indirektes Sonnenlicht reicht aus!

Auch hier gilt: Leber (vor allem Lebertran!) ist zwar sehr reich an diesem fettlöslichen Vitamin, aber wegen des hohen Vitamin-A-Gehaltes keine geeignete Quelle in der Schwangerschaft!

Geeignete Nahrungsquellen für Vitamin D sind:

- eher fetter Seefisch
- Hühnerfleisch
- Schweinefleisch
- Butter
- Kuhmilch
- Pflanzenöl

Vitamine der B-Gruppe

Bei **Vitamin B_1** (Thiamin), das viele wichtige Funktionen im Stoffwechsel erfüllt, ist der Bedarf ebenfalls um etwa 50% erhöht. Ein Mangel besteht am ehesten bei Frauen, die sehr viele »leere« Kohlenhydrate essen. »Leer« bezieht sich auf den Gehalt an Vitaminen und Mineralstoffen. Paradebeispiel ist der Haushaltszucker, der außer Saccharose und Kalorien überhaupt nichts mitbringt und völlig von Vitalstoffen entleert ist. In Weißmehl sind die Vitalstoffe ebenfalls recht ausgedünnt.

Gute Vitamin-B_1-Quellen sind:

- Vollkorngetreide
- Fleisch (z.B. Hähnchen, Schweinefleisch)
- Weizenkeime
- Nüsse
- Hülsenfrüchte
- Fenchel
- Zucchini

Der Vitamin-B_1-Gehalt, die günstigen Fettsäuren und die Phosphate machen Nüsse zur guten »Nervennahrung«. Aber Achtung: Sie enthalten viel Fett!

Für **Vitamin B_2** (Riboflavin) ist der Bedarf nur gering erhöht. Bei Pflanze und Tier ist es an zahlreichen Stoffwechselprozessen beteiligt, deshalb ist es in weitgehend naturbelassenen Nahrungsmitteln auch reichlich enthalten.

Gute Quellen sind Milch, Ei, Hefe, Fleisch, Gemüse, Weizenkeime.

Vitamin B_6 (Pyridoxin) spielt u.a. im Eiweißstoffwechsel eine Rolle und beeinflußt auch die Vernetzung der Bindegewebsfasern. Damit liegt es auch im Interesse Ihrer Schönheit (Schwangerschaftsstreifen!), den Bedarf ausreichend zu decken.

Gute Vitamin-B_6-Quellen sind:

- Hefe und Vollkorn (wie für alle Vitamine der B-Gruppe)
- Fisch
- Fleisch
- grünes Gemüse
- Möhren
- Kartoffeln
- Bananen

Folsäure wird überall dort besonders benötigt, wo sich Zellen schnell teilen. Und das ist beim werdenden Leben ja der Fall! Während die übrigen Vitalstoffe erst ab dem 4. Monat vermehrt benötigt werden, braucht die Schwangere schon zu Beginn der Schwangerschaft doppelt soviel Folsäure wie zuvor, also zu einem Zeitpunkt, an dem die meisten Frauen überhaupt noch nicht wissen, daß sie schwanger sind.

Bei Frauen, die lange die »Pille« genommen haben, liegt der Folsäurespiegel oft niedriger.

Die Geschichte von Rapunzel

Rapunzel wäre nicht in die vermaledeiten Schwierigkeiten mit der Hexe geraten, hätte ihre Mutter nicht solchen unbezähmbaren Appetit auf Ackersalat (Rapunzeln) gehabt. Und daß sie dieses unbeherrschbare Gelüst befallen hatte, war nicht ihre Schuld: Ihr Körper hatte einen Folsäuremangel konstatiert und sich »erinnert«, daß dieses Vitamin in Feldsalat reichlich enthalten ist. Ein beredtes Beispiel, daß Schwangerschaftsgelüste dazu da sind, für einen sinnvollen Ausgleich von Defiziten zu sorgen. Der Körper hat offenbar ein »Gedächtnis« dafür, welchen Bedarf er womit decken kann.

Eine Säure in der Schwangerschaft einnehmen? Lassen Sie sich von der chemischen Bezeichnung nicht schrecken. Eine Säure in Mikrogramm-Mengen wirkt auf den Stoffwechsel nicht »sauer«.

Bei Folsäuremangel wurden bestimmte Formen einer Mißbildung (»offener Rücken«, Wasserkopf, Fachsprache: Neuralrohr-Defekt) häufiger beobachtet. Deshalb ist man ärztlicherseits auch mit Folsäure auf keinen Fall geizig und verordnet sie zusätzlich, zumal es einigermaßen schwierig ist, den hohen Bedarf allein durch die Nahrung zu decken. Das Risiko der Mißbildung soll, soweit das mit einem solchen einfachen Mittel möglich ist, vermieden werden.

Gute Folsäurequellen sind:

- Blatt- und andere Gemüse
- Kartoffeln
- Orangen, Trauben, Kirschen, Erdbeeren
- Vollkornprodukte
- Fleisch
- (Innereien fallen in der Schwangerschaft wieder aus!)

Vitamin C

Die Ascorbinsäure, das Vitamin C, ist als wichtiges Vitamin wohl am längsten bekannt. Seefahrer erlitten früher einen Mangel, wenn sie wochen- und monatelang kein frisches Gemüse oder Obst bekamen. Skorbut trat auf, was unter anderem zu Zahnausfall und Schlimmerem führte. Heute ist für Seefahrer wie für Landratten die Versorgung nicht unbedingt gefährdet.

Eine faszinierende Wirkung wurde erst in jüngerer Zeit entdeckt: Vitamin C kann aggressive Moleküle, die im Stoffwechsel entstehen, unschädlich machen. Diese Aufgabe teilt es sich mit den Vitaminen A und E und mit den Vorstufen des Vitamins A, dem Beta-Carotin. Die für die Erbinformation und die Zellmembranen gefährlichen Aggressoren, sogenannte freie Radikale, entstehen beispielsweise besonders stark bei Rauchern und Passivrauchern. Deswegen ist bei ihnen der Vitamin-C-Bedarf besonders hoch.

Durch Einfangen freier Radikale verhindert Vitamin C Zellschäden. Hochdosierungen von mehreren Gramm täglich, wie sie die sog. Orthomolekulartherapie anbietet, sind jedoch nicht notwendig.

Gute Quellen für Vitamin C sind:

- Paprika
- Tomaten (Vorsicht vor zuviel Oxalsäure)
- Zitrusfrüchte
- schwarze Johannisbeeren
- Vitamin C kommt in Gemüse übrigens meist viel reichhaltiger als in Obst vor

Zu weiteren Mineralstoffen (Kalium, Magnesium, Natrium, Zink) lesen Sie an anderer Stelle mehr.

Von der Theorie zu Ihnen

Bevor Sie nun anfangen, hin und her zu blättern und Nährstofftabellen zu konsultieren, um sich ausgeklügelte Diätpläne zurechtzulegen, und bevor Sie auf den nächsten Seiten lesen, was Ihnen kundige Leute weiter raten: Halten wir hier einmal ein. Es gibt prinzipiell zwei Möglichkeiten, seinen Nährstoffbedarf zu decken.

1. Sie fragen eine Ernährungsberaterin oder ein Computerprogramm, was Sie brauchen, was Sie essen dürfen,

was Sie meiden müssen wie die Pest. Das ist oft sehr interessant, aber, außer für bestimmte Krankheiten, wenig realitätsnah.

Fast food verführt durch ein schnelles Geschmackserlebnis. Das wird meist durch zuviel Zucker/Salz, Geschmacksverstärker und Aromen erreicht. Oft durch eine höhere »Chemie« – statt Nährstoffdichte.

2. Sie hören auf Ihren Körper, essen abwechslungsreich und vielseitig, was der Wochenmarkt gerade hergibt, halten sich möglichst an Grundnahrungsmittel und schlagen einen Bogen um die »schnellen Verführer«. Je weniger industriell verarbeitet, desto besser. Wenn Sie auch noch auf Genußgifte verzichten, die in die natürlichen Körpersignale »hineinfunken«, dann spüren Sie, was Sie brauchen.

Ein Aha-Erlebnis kann es durchaus sein, einmal die derzeitige Ernährung zu checken. In meinem Fall habe ich eine interessante Internet-Adresse konsultiert: Die Universität Hohenheim bietet eine Ernährungsberatung über die Internet-Adresse http://144.41.20.58/foodfreq.htm. an. Noch mehr Interessantes finden Sie über http://www.uni-hohenheim.de/wwwin140/info/info.htm (Stand: Zeitpunkt der Drucklegung). Sie geben ein, was Sie über eine Woche gegessen und getrunken haben, und bekommen ausführlich errechnet, wie sich Kohlenhydrat-, Eiweiß- und Fettaufnahme verteilen, wie viele Kalorien Sie zu sich nehmen, wie die Bedarfsdeckung bei Vitaminen, Ballaststoffen, ungesättigten Fettsäuren und Mineralstoffen aussieht, ob Sie zuviel Cholesterin oder Purine aufnehmen. Zwar ist das Angebot nicht speziell für Schwangere, aber die Vitamin-Bedarfsdeckung können Sie mit Tabelle 1 (Seite 14) abgleichen. Sie sehen so auf einen Blick, wo Ihre Defizite liegen, und bekommen Vorschläge, was Sie essen können, um diese auszugleichen.

Notieren SIe sich zum Vergleich, was Sie in einer Woche essen.

Wer keinen Internet-Zugang hat, kann sich die 3 nun folgenden typischen Wochenpläne genauer anschauen. Welchem der drei Ernährungstypen ähneln Sie am meisten? Entspricht Ihre Ernährung eher der einer Fast-food- und Kantinenesserin, ernähren Sie sich einigermaßen gesundheitsbewußt, haben aber ab und an »Ausrutscher«, oder sind Sie Vegetarierin?

Wochenplan 1

Die »Testesserin« ernährt sich viel von Fast food und Kantinenessen. Sie ist 172 cm groß und wiegt 72 kg.

Lebensmittel	Menge/Woche	Energie (kcal)
Bohnenkaffee	21 Tassen	68
Zucker	28 Würfelzucker	578
Weißbrot/Toastbrot	21 Scheiben	545
Brötchen	7	793
Weizenmischbrot	7 Scheiben	1479
Butter	150 g	1039
Margarine pflanzlich	150 g	995
Honig	12 TL	184
Marmelade	1 kleines Glas (= 100 g)	290
Gebundene Suppe	3 Teller zu 200 ml	247
Rindfleisch	150 g	271
Schweinefleisch	150 g	302
Hähnchenschenkel	150 g	322
Bratwurst	1 (à 150 g)	475
Fisch	150 g	144
Salzkartoffeln	6 (à 100 g)	413
Pommes frites	2 Portionen (à 150 g)	832
Nudeln gegart	1 Portion (à 125 g)	158
Reis gegart	1 Portion (à 180 g)	194
Blumenkohl	1 Portion (à 150 g)	28
Salatgurke	1/2	19
Sellerie, Fenchel	300 g	46
Karotte roh	5 (insgesamt 300 g)	77
Gemüsesalat, Dressing	4 Portionen (à 200 g)	852
Sonnenblumenöl	2 EL	212
Salami	6 Scheiben	510
Schnittkäse	6 Scheiben	425
Weichkäse	1 mittleres Stück (= 30 g)	83
Schmelzkäse	2 Ecken (à 60 g)	197
Hühnerei	2 Stück	185
Limonade	7 Gläser	583

Wochenplan 1

Lebensmittel	Menge/Woche	Energie (kcal)
Apfel	2	130
Weintrauben	125 g	89
Banane	1	190
Kuchen	2 kleine Stücke (à 50 g)	378
Kekse	1 Packung (à 200 g)	998
Schokolade	1,5 Tafeln	752
Salzgebäck	1/2 Tüte (= 100 g)	347
Kartoffelchips	1/4 Tüte (=50 g)	268

► Für diese Frau ergibt sich folgendes Ergebnis:

Inhaltsstoff	tatsächliche Aufnahme	empfohlene Werte/Tag	prozentuale Erfüllung
Energie	2363 kcal	2480 kcal	95
Eiweiß	67,5 g (12 %)	60 g	112
Fett	121 g (46 %)	70 g	173
Kohlenhydrate	246 g (42 %)	370 g	58
Ballaststoffe	20 g	30 g	67
Vitamine			
A (+ Vorstufe Beta-Carotin)	1,6 mg	1,1 mg	133
E (Äq.)	14,8 mg	15 mg	100
B_1	1,0 mg	2,5 mg	40
B_2	1,0 mg	2,8 mg	66
B_6	1,6 mg	2,6 mg	60
Folsäure	68 µg	300–400 µg	28
Vitamin C	54 mg	100 mg	54
Mineralien und Spurenelemente			
Kalium	2416 mg	3500 mg	69
Kalzium	583 mg	1200 mg	49
Magnesium	277 mg	400 mg	64
Phosphor	1024 mg	1500 mg	68
Eisen	13 mg	30 mg	43
Zink	10 mg	15 mg	66

Der Energiebedarf wird gedeckt. Die Verteilung der Hauptnährstoffe liegt dabei allerdings im Ungleichgewicht.

Eiweiß: Etwas zuviel, besonders im Hinblick auf die Schwangerschaft. Besonders durch Verzicht auf sehr fetthaltige Lebensmittel (z.B. Wurst) könnte die Testesserin auch Eiweiß einsparen, da diese beiden Nährstoffe fast immer in Kombination auftreten. Die **Fett**aufnahme ist deutlich höher als die empfohlene Menge, sie sollte unbedingt zugunsten komplexer Kohlenhydrate reduziert werden. Die meisten Fette, in diesem Fall die ungünstigeren gesättigten Fette, werden versteckt im Käse, in der Wurst und bei den Knabbereien aufgenommen. **Kohlenhydrate:** Der erhöhte Fettanteil dieser »Diät« geht auf Kosten der Kohlenhydrate, unter denen daneben zu viele Einfachzucker aufgenommen werden. Gleichzeitig mit der zu geringen Aufnahme komplexer Kohlenhydrate sind z.B. auch die Mengen an B-Vitaminen reduziert. Beim Frühstück würde ein Hafermüsli den Speiseplan aufwerten, beim Abendessen ein Vollkornbrot. Gegen den Süßhunger helfen sehr gut getrocknete Obstmischungen. Die **Ballaststoff**aufnahme liegt um 50% zu niedrig, was sich besonders in der Schwangerschaft ungünstig auswirken kann. Vollgetreide und Hülsenfrüchte, auch Gemüse und Obst sind günstige Quellen und bringen gleichzeitig noch wichtige Vitamine und sekundäre Pflanzenstoffe mit.

Die Versorgung mit **Vitamin A** ist positiv. Da das Vitamin in dieser Kost hauptsächlich in seiner Vorstufe, dem Beta-Carotin, aufgenommen wird, ist die reichliche Versorgung für eine Schwangere nicht als bedenklich anzusehen. Die **Thiamin(B_1-)**versorgung ist, typisch für eine ausgesprochene »Zivilisationskost«, zu niedrig. Die Randschichten von Getreide enthalten dieses Vitamin reichlich, deshalb lohnt sich das Umstellen der Brotwahl auf dunklere Sorten. **Folsäure:** Sie ist hier eindeutig Stiefkind, beträgt sie doch weniger als ein Fünftel des Bedarfes in der Schwangerschaft! Das liegt an der Ernährung mit nur geringem Anteil an unbearbeiteten Gemüsen (Rohkost). Aufbessern läßt sich die Folsäurezufuhr durch frische Orangen, Blattspinat, Chinakohl, Fenchel, frischen Rettich.

Natrium wird über Chips und Knabbereien vermutlich zu viel zugeführt. Die Natriumzufuhr ist allerdings auch vom Zusalzen abhängig. In Fast food und Kantinenessen ist erfahrungsgemäß recht viel Kochsalz enthalten, also Vorsicht! **Kalium** kommt etwas zu kurz. Mit mehr Gemüse verbessert die Testesserin dieses Defizit. Die **Kalzium**versorgung liegt für eine Schwangere im

Wochenplan 1

argen (nur ein Drittel des Bedarfs). Sie sollte mehr Milch und Milchprodukte essen (Käse, aber keinen stark salzhaltigen Schmelzkäse). Die **Magnesium**aufnahme ist knapp; sie würde sich durch mehr Vollkornprodukte auf dem Speiseplan allerdings noch bessern. Die **Eisen**aufnahme liegt für eine Schwangere zu niedrig. Abhilfe schaffen z.B eisenreiche pflanzliche Lebensmittel, kombiniert mit Vitamin-C-haltigen Lebensmitteln. Die **Zink**aufnahme ist ebenfalls etwas gering. Mit mehr dunklem Brot würde sich das schon ändern.

Wochenplan 2

Die Testesserin (169 cm, 60 kg) ernährt sich einigermaßen gesundheits- und figurbewußt, erliegt allerdings häufiger »Ausrutschern« in Richtung Snacks/Süßigkeiten. Analyse einer typischen Woche:

Lebensmittel	Menge/Woche	Energie (kcal)
Kuhmilch 3,5 %	14 Gläser	1448
Knäckebrot	5 Scheiben	179
Brötchen	4	453
Butter	8 TL	297
Müslimischung	2 Portionen (à 50g)	390
Haferflocken	4 Portionen (à 60 g)	889
Hähnchen	1 Portion (à 150 g)	322
Fisch	1 Portion (à 150g)	144
Bratfett	4 TL	176
Salzkartoffeln	2 (à 100 g)	138
Nudeln gegart	5 Portionen (à 125 g)	788
Reis gegart	1 Portion (à 180 g)	194
Blumenkohl	1 große Portion (à 300 g)	55
Andere Kohlsorten	3 Portionen (à 150 g)	89
Bohnen	1 große Portion (à 300 g)	76
Mohrrüben	4 Stück	116
Zwiebeln	5	48
Sonnenblumenöl	15 TL	742
Vollkornbrot	7 Scheiben	656

Wochenplan 2

Lebensmittel	Menge/Woche	Energie (kcal)
Salami	3 Scheiben	255
Schnittkäse	5 Scheiben	425
Weichkäse	1 Stück (à 30 g)	83
Orangensaft	2 Gläser	180
Apfelsaft	2 Gläser	198
Apfel	4	195
Weintrauben	125 g	89
Banane	1	95
Joghurt 3,5 %	2 Becher (à 150 g)	197
Kuchen	7 kleine Stücke (à 50 g)	1323
Kekse	1 Packung (à 150 g)	748
Schokolade	1 Tafel	537
Bonbons	1 Tüte (à 120 g)	540
Salzgebäck	375 g	1303
Erdnuß geröstet	1 Päckchen (70 g)	406

▶ Für diese Frau ergibt sich folgendes Ergebnis:

Inhaltsstoff	tatsächliche Aufnahme	empfohlene Werte/Tag	prozentuale Erfüllung
Energie	1968 kcal	2300 kcal	85
Eiweiß	65 g (14 %)	63 g	100
Fett	77 g (35 %)	73 g	100
Kohlenhydrate	249 g (51 %)	330 g	75
Ballaststoffe	23 g	30 g	75
Vitamine			
A (+ Vorstufe Beta-Carotin)	1443 µg	800 µg	180
E (Äq.)	14 mg	14 mg	100
B_1	1 mg	2,5 mg	40
B_2	1,4 mg	2,8 mg	50
B_6	1,3 mg	2,6 mg	50
Folsäure	88 µg	300 µg	30
C	93 mg	100 mg	93

Inhaltsstoff	tatsächliche Aufnahme	empfohlene Werte/Tag	prozentuale Erfüllung
Mineralstoffe/Spurenelemente			
Kalium	2365,2 mg	3500 mg	68
Kalzium	958 mg	1200 mg	80
Magnesium	303 mg	300–400 mg	100
Eisen	11 mg	30 mg	37
Zink	9,5 mg	15 mg	63

Die **Energieaufnahme** liegt etwa innerhalb des empfohlenen Bereiches, trotz des täglichen Stückchens Kuchen und der wöchentlichen Tafel Schokolade. Auch die **Eiweiß**menge liegt im angemessenen Bereich; beim **Fett** ergibt sich eher ein kleiner Überhang, gut ist jedoch die Versorgung mit mehrfach ungesättigten Fettsäuren. Im Bereich der **Kohlenhydrate** sind zu viele Einfachzucker vertreten, das schlägt auch in der Bilanz der B-Vitamine, der Ballaststoffe und der Mineralstoffe zu Buche. Hier wäre etwas mehr Vollkorn auf Kosten der Naschereien sehr sinnvoll.

B-Vitamine: Für eine Schwangere liegt die Zufuhr viel zu niedrig. Der recht gute Anteil an Obst und Gemüsen führt zu einer sehr guten **Vitamin-A-** und zu einer zufriedenstellenden **Vitamin-C**-Zufuhr.

Die **Kalium**zufuhr sollte höher liegen. Sowohl regelmäßig ein Schlag Gemüse mehr als auch sorgfältiges Umgehen mit dem Gemüse beim Garen verbessern die Ausbeute. Die **Kalzium**aufnahme sollte durch eine Extraportion Milchprodukte noch angehoben werden. **Magnesium** wird ausreichend angeboten. Der **Eisen**bedarf wird nur zur Hälfte gedeckt. Etwas mehr Fleisch und Vitamin-C-haltige Fruchtsäfte in Verbindung mit pflanzlichen Eisenquellen werten die Nahrung in dieser Hinsicht auf. Die nicht ganz ausreichende **Zink**aufnahme wird gleichzeitig mit einem erhöhten Verzehr an Milch- oder Vollkornprodukten verbessert.

Wochenplan 3

Die Frau (166 cm, 56 kg) ist Ovo-Lacto-Vegetarierin, d.h. sie ißt kein Fleisch und keinen Fisch, verzehrt aber Milchprodukte und Eier. Analyse einer typischen Woche:

Lebensmittel	Menge/Woche	Energie (kcal)
Kuhmilch 3,5 %	7 Gläser	676
Orangensaft	7 Gläser	630
Vollkornbrot	7 Scheiben	656,5
Magerquark	3 kleine Portionen (à 30 g)	68
Müsli mit Rosinen, Nüssen	4 Portionen (à 50 g)	781
Haferflocken	3 Portionen (à 60 g)	667
Trockenobst	160 g	507
Nüsse	80 g	393,5
Bratfett	12 TL	527
Salzkartoffeln	6 (à 100 g)	413
Nudeln, gekocht	2 Portionen (à 125 g)	315
Vollkornreis	2 Portionen (à 180 g)	388
Blattgemüse	3 große Portionen (à 200 g)	96
Blumenkohl	1 große Portion (à 300 g)	55
Weißkohl	1 große Portion (à 300 g)	59
Gurke	1	37
Hülsenfrüchte	3 Portionen (à 250 g)	1722
Mohrrübe	7 Stück	271
Zwiebeln	7 Stück	36
Rohkost mit Joghurt	3 Portionen (à 200 g)	178
Sonnenblumenöl	9 TL	424
Vollkornbrot	4 Scheiben	375
Schnittkäse	12 Scheiben	957
Magerquark	2 x 30 g	45
Hühnerei	3 Stück	278
Dickmilch	2 Becher (à 150 g)	191
Mineralwasser	4 Liter	0
Apfelsaft	4 Gläser	396
Apfel frisch	7	454
Süßkirschen	120 g	76
Orangen	2	212

Wochenplan 3

Lebensmittel	Menge/Woche	Energie (kcal)
Weintrauben	250 g	177
Banane	2 Stück	190
Kiwi	2 Stück	54
Joghurt 3,5 %	2 Becher (à 150 g)	197

▶ Für diese Frau ergibt sich folgendes Ergebnis:

Inhaltsstoff	tatsächliche Aufnahme	empfohlene Werte/Tag	prozentuale Erfüllung
Energie	1788 kcal	2200 kcal	90
Eiweiß	64 g (15 %)	60 g	106
Fett	68 g (35 %)	70 g	100
Kohlenhydrate	220,5 g (50 %)	310 g	71
Ballaststoffe	40,5 g	30 g	135
mehrfach ungesätt. Fettsäuren	13 g	13 g	100
Vitamine			
A (+ Vorstufe Beta-Carotin)	3662,5 µg	800 µg	458
E (Äq.)	14 mg	14 mg	100
B_1	1,3 mg	2,5 mg	50
B_2	1,5 mg	2,8 mg	54
B_6	1,7 mg	2,6 mg	65
Folsäure	168 µg	300–400 µg	50
C	285 mg	100 mg	285
Mineralstoffe/Spurenelemente			
Kalium	4199,4 mg	3500 mg	120
Kalzium	1406 mg	1200 mg	117
Magnesium	509 mg	400 mg	127
Eisen	19 mg	30 mg	63
Zink	12 mg	14 mg	86

Die Testesserin mit vegetarischer Diät liegt mehr als 10 % unter dem Normalgewicht, sie kann also während der Schwangerschaft unbedenklich etwas mehr zunehmen. Die **Energieaufnahme** liegt etwa innerhalb des empfohlenen Bereiches. Wer über längere Zeit unter der empfohlenen Kalorienaufnahme liegt und dabei sein Gewicht konstant hält, braucht sich keine Sorgen zu machen: Die Zufuhr reicht dann für diese spezielle Person aus (auch die Nährstoffausnutzung ist dann oft besser). Für die erhöhte Energieaufnahme in späteren Schwangerschaftsstadien oder in der Stillzeit empfiehlt sich z.B. Trockenobst (die entsprechende Menge an frischem Obst sättigt möglicherweise zu stark, so daß das eintretende Sättigungsgefühl eine weitere Kalorienaufnahme verhindert).

Eiweiß: Rein rechnerisch, von der Menge her, liegt die Eiweißaufnahme im empfohlenen Bereich. Doch erst die kundige Zusammenstellung der Nahrungsmittel garantiert, daß auch das komplette Aminosäurenmuster enthalten ist. Die **Fettaufnahme** liegt im »grünen« Bereich, der Bedarf an mehrfach ungesättigten Fettsäuren ist gut gedeckt. Omega-3-Fettsäuren aus Fisch sind allerdings nicht enthalten. Hinsichtlich der **Kohlenhydrate** ißt die Testesserin allerdings zu wenig. Sehr positiv ist hier aber, daß bei dieser Ernährung fast keine Einfachzucker enthalten sind. Mehr Reis, Kartoffeln und Vollkornbrot decken den Bedarf. Bestens ist die Versorgung mit Ballaststoffen, parallel dazu sicher auch mit den hier nicht berücksichtigten sekundären Pflanzenstoffen.

Die **Vitamin-A**-Aufnahme liegt weit über dem empfohlenen Bereich. Da es sich um natürliches Vitamin A handelt, halte ich das in der Schwangerschaft für unbedenklich. **Thiamin:** Trotz des reichlichen Vollkornverzehrs ist Vitamin B_1 ab dem zweiten Schwangerschaftsdrittel zu niedrig. Das kann die Testesserin dadurch ausgleichen, daß sie ihren ohnehin erhöhten Kohlenhydrat-(Energie-)Bedarf durch weitere Vollkornprodukte wie z.B. Haferflocken deckt. **Folsäure:** Im nichtschwangeren Zustand wäre der Bedarf zufriedenstellend. Da aber schon zu Beginn der Schwangerschaft der Bedarf deutlich erhöht ist, sollte sie trotz ihres gesunden Ernährungsstils eine zusätzliche Einnahme erwägen. Die Versorgung mit **Vitamin C** ist sehr gut.

Die Kaliumzufuhr ist gut, der erhöhte Calciumbedarf gedeckt, und auch Magnesium ist sehr gut vertreten. Diese gute Mineralstoffversorgung geht auf den reichlichen Verzehr wenig bearbeiteter pflanzlicher Produkte zurück. Für eine fortgeschrittene Schwangerschaft liegt die errechnete **Eisen**zufuhr zu niedrig. Außerdem muß bedacht werden, daß Eisen aus pflanzlichen Quellen oft schlechter aufgenommen wird. Die Testesserin trinkt allerdings viel Orangensaft, so daß sie wohl bedacht hat, durch Vitamin-C-haltige Lebensmittel die Resorption zu verbessern. Die **Zink**aufnahme ist zufriedenstellend.

Ich persönlich hadere jedoch etwas mit Tabellen und Kalkulationen, denn sie geben wenig Aufschluß darüber, was Sie denn tatsächlich essen. Diese gehen immer von »Musternahrungsmitteln« aus, die aber so nicht existieren, denn im Salat aus Ihrem Garten sind evtl. andere Nährstoffe als in dem aus dem Gewächshaus. Auch sagen sie nichts darüber aus, was in Ihrem Blut (und, noch wichtiger, im Blut Ihres Babys) ankommt und verwertet werden kann.

Kohlenhydrate, Fett, Eiweiß: wichtig auf der Waage

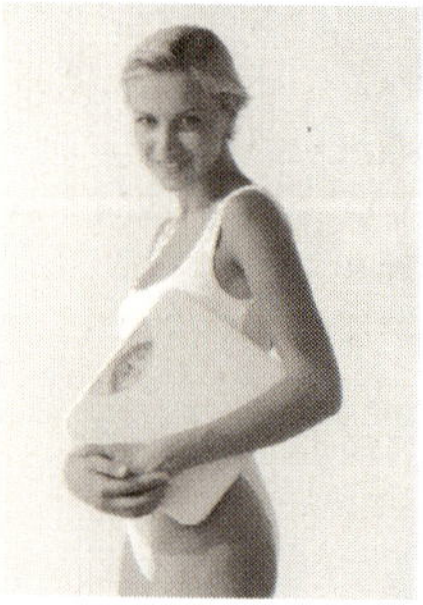

Um überhaupt Energie verbrennen und neue Substanz aufbauen zu können, müssen Mengennährstoffe herangeschafft werden. Die bisher beschriebenen Mikronährstoffe (Vitamine, Mineralstoffe und Spurenelemente) garantieren einen reibungslosen Ablauf der Zellfunktionen, die Makronährstoffe dagegen müssen das Baumaterial liefern und sind die eigentlichen Energieträger. Es wird Ihnen nichts Neues sein, daß es sich dabei um Kohlenhydrate, Eiweiße und Fette handelt. Als viertes im Bunde der Mengenstoffe sind Ballaststoffe wichtig. Sie dienen weniger der Energiegewinnung als vielmehr der reibungslosen Darmfunktion. Im folgenden erfahren Sie, was Sie in der Schwangerschaft über die Mengennährstoffe wissen sollten.

Stärke bringt Power

Kohlenhydrate werden hauptsächlich zur Energiegewinnung benötigt; sie werden überwiegend zu Glukose (Zucker) abgebaut. Kohlenhydrate sind von der Menge her in der täglichen Ernährung am wichtigsten. Lange Zeit waren sie als »Dickmacher« verschrien. Das gilt aber nur für »leere« Kohlenhydrate und auch nur dann, wenn sie in großen Mengen aufgenommen werden. Komplexe Kohlenhydrate sind Sattmacher und somit die wichtigste Basis der Ernährung.

Unter die Kohlenhydrate fallen die verschiedenen Zucker (Rüben-, Milch-, Trauben-, Fruchtzucker) und die Stärke, die aus langen Zuckerketten aufgebaut ist. Bei den Zuckern wieder gibt es Einfach-, Zweifach- und Mehrfachzucker. Je komplexer ein Kohlenhydrat aufgebaut ist, desto langsamer läßt es den Zuckerspiegel im Blut ansteigen, denn es benötigt Zeit zur Spaltung. Am schnellsten schießen Glukose und Traubenzucker in die Blutbahn.

Günstige Kohlenhydratquellen (nicht nur) in der Schwangerschaft sind Lebensmittel, die möglichst viel komplexe Kohlenhydrate enthalten. Die besten Lieferanten sind alle Getreidearten (als Brot, sie können aber auch sehr gut in Aufläufen oder als Beilage verwendet werden), Reis, Vollkornnudeln, Hülsenfrüchte, Kartoffeln und andere Gemüsearten. Handelt es sich um Vollkornprodukte, dann sind solche Lebensmittel meist auch sehr gute Lieferanten für die wichtigen Mineralstoffe Kalium und Magnesium. Einfachzucker (in Schleckwerk, in Getränken) und schnell aufschließbare Kohlenhydrate in Weißmehl (Brötchen, Toastbrot, Kuchen) sind weniger gut.

Für Schwangere mit erhöhten Blutzuckerspiegeln (Schwangerschaftsdiabetes) ist es besonders wichtig, nur wenig einfache Zucker zu essen. Komplexe Kohlenhydrate dagegen müssen sein.

»Ich brauche jetzt was Süßes!«

Damit Sie verstehen, warum Sie zuweilen ein Heißhunger auf Süßes überfällt, warum Sie nach einem Butter-Croissant lechzen und was Sie dagegen unternehmen können, hier etwas genauere Informationen über die Regulation des Blutzuckerspiegels:

Haushaltszucker und durch die Verdauungssäfte gespaltene Stärke gelangen als Glukose ins Blut. Dort muß der Zuckerspiegel in recht engem Rahmen gleichmäßig gehalten werden. Steigt er rapide an, wird sofort das Hormon Insulin aus der Bauchspeicheldrüse ans Blut abgegeben. Es sorgt wie ein Schlüssel dafür, daß die Glukose in die Körperzellen eingeschleust werden kann. Der Zucker ver-

Einfache Kohlenhydrate lösen also einen weiteren Heißhunger auf Süßes aus.

schwindet mit Hilfe des Insulins aus dem Blut. Dabei besteht die Regel: Schneller Blutzuckeranstieg – rasche und heftige Insulinausschüttung. Das Resultat ist in diesem Fall eine »überschießende« Steuerung: Nach der Blutzucker-»Attacke« ist weniger Glukose im Blut als vorher. Die »Unterzuckerung« führt zu Hunger; Sie verspüren Gelüste auf mehr Süßes. Meistens führt man sich dann wieder viel zuviel Zucker zu – ein Teufelskreis wird in Gang gestzt. Übrigens: Zucker kann mit Hilfe des Insulins in Fett umgewandelt werden.

Die überschießende Insulinausschüttung dürfen wir nicht unserem Körper anlasten, sondern müssen die Zivilisation dafür verantwortlich machen. In der Natur gibt es nur sehr wenig Gelegenheit, zu diesen hohen Blutzuckerspiegeln zu kommen, die man findet, wenn Sie raffinierten Rübenzucker in »Reinkultur« essen.

Süßes tröstet und hebt die Stimmung. Versuchen Sie, diese Wirkungen auf andere Art zu erreichen!

Ein zweiter Mechanismus läßt uns nach Süß-Fettem lechzen: die Möglichkeit, über Gaumenfreuden die Stimmung zu beeinflussen. Gelangen Zucker und Fett gemeinsam in die Blutbahn, so steigt der Spiegel des »Glückshormons« Serotonin im Gehirn an. Wir fühlen uns glücklich und zufrieden (solange wir nicht an die leeren Kalorien denken ...). Dieser Mechanismus ist uns meistens nicht bewußt. Wenn Sie ihn aber kennen, können Sie auf andere Strategien ausweichen, um sich in zufriedene Stimmung zu versetzen. Wenn Sie entdecken, daß Sie nach Süßem greifen, um Ihre Laune aufzuhellen, sollten Sie überlegen, wie Sie die auch anders steigern können. Durch schöne Musik? Kerzenschein? Ein Telefonat, ein Gespräch? Einen guten Krimi oder Shopping für das Baby? Seien Sie erfinderisch!

Fett für Nerven und Reserven

Fette sind sehr wichtig in der Ernährung, aber auch bei dieser Gruppe der Energielieferanten ist es bedeutsam, welche Fette Sie essen. Fette sind reichlich in Zellmembranen und ganz besonders zahlreich in Nervenzellen vertreten. Aus ihnen werden Hormone aufgebaut, die ja in der Schwangerschaft vermehrt gebildet werden. Daneben können die fettlöslichen Vitamine (A, D, E, K) nur in Gegenwart von Fett in den Körper aufgenommen werden. Fette brauchen Sie also auf jeden Fall. Nur – Fett macht fett, wenn die Dosierung nicht stimmt.

Gesättigte Fette sind Vorratsfette, meist sind sie in tierischen Produkten enthalten. Wurst ist ein »guter« Lieferant von gesättigten Fetten. Bei Zimmertemperatur mehr oder weniger feste Fette wie Schmalz oder Kokosfett sind ebenfalls stark gesättigt.

Bei den **ungesättigten Fetten** unterscheidet man einfach und mehrfach ungesättigte Fette. Sie spielen eine große Rolle beim Aufbau der Nerven (z.B. Lecithin), in Zellmembranen (Phospholipide), in wichtigen Stoffwechselreaktionen wie z.B. Entzündungsvorgängen. Pflanzliche fettreiche Nahrungsmittel wie Weizenkeime und Nüsse sind reich an mehrfach ungesättigten Fetten. Sie werden allerdings leichter ranzig als gesättigte Fette, da sie empfindlicher gegenüber Sauerstoff sind. Das ist ein Grund, warum Mehl stark ausgemahlen wird: Die fett- (aber auch nährstoff)reichen Keime sind entfernt, damit das Mehl länger lagerfähig ist. Auch in pflanzlichen Ölen wird der Anteil mehrfach ungesättigter Fettsäuren teilweise reduziert, damit es länger hält. Vitamin E verhindert das Ranzigwerden (die Oxidation) und ist auch im Körper dafür zuständig, die empfindlichen ungesättigten Fette zu schützen. Naturbelassene Lebensmittel bringen ihren notwendigen Vitamin-E-Gehalt zumeist selbst mit.

Fett hat wichtige Funktionen als Lieferant fettlöslicher Vitamine und als Baustoff für Hormone, Zellmembranen und Nerven. Wählen Sie bewußt günstige Fette!

Bei den ungesättigten Fetten unterscheidet man Omega-3- von Omega-6-Fettsäuren. Omega-6-Fettsäuren in ausreichender Menge aufzunehmen, ist bei der üblichen Ernährung kein größeres Problem, wenn Sie Ölfrüchte (Nüsse, Oliven) essen und Ihren Salat mit gutem Öl (z.B.

dem sehr günstigen Olivenöl) anmachen. 7–10 g Omega-6-Fettsäuren (Linolsäure) werden empfohlen.

Schwieriger dagegen ist es mit den Omega-3-Fettsäuren. Sie sind überwiegend in Hochseefisch enthalten und werden deshalb auch einfach kurz Fischöle genannt. Sie sind für den Aufbau der Zellmembranen sehr wichtig. Eine Studie ergab, daß Schwangere weniger Kinder mit einer bestimmten Schädigung des Nervensystems, der sogenannten Zerebralparese, geboren haben, wenn sie in der Schwangerschaft zweimal wöchentlich Seefisch aßen und damit mehr Omega-3-Fettsäuren zu sich nahmen. Das Verhältnis der Omega-3- zu den Omega-6-Fettsäuren sollte etwa 1:7 betragen. Leider enthält die übliche Nahrung wenig dieser Fettsäuren. Neben Fisch sind Leinsamen und Leinöl eine weitere gute Quelle. Es empfiehlt sich, auch wegen des sättigenden Eiweißes und des Gehaltes an Jod und weiteren wichtigen Spurenelementen, zweimal in der Woche Hochseefisch zu essen (z.B. Wildlachs, Makrele, Sardine, Hering).

Lachs aus Zuchten enthält oft weniger Omega-3-Fettsäuren als Wildlachs, denn die Nahrung der gezüchteten Lachse enthält nur wenig Ausgangsstoffe für die typische Omega-3-Produktion.

Sie können Fischöl auch als Kapseln einnehmen. Bitte fragen Sie hierzu bitte unbedingt Ihren Arzt, denn ein erhöhter Gehalt an Vitamin A ist in der Schwangerschaft ungünstig!

Vorsicht vor versteckten Fetten!

Es ist gut und sinnvoll, daß der Appetit während der Schwangerschaft etwas gesteigert ist. Für ein bewußtes Essen sollten Sie allerdings wissen, wo die Fallen aufgestellt sind, mit denen Sie sich nur überflüssige Kalorien, aber keine wertvollen Inhaltsstoffe einhandeln. Vor allem gesättigte versteckte Fette sollten Sie vermeiden. Diese kommen in geballter Ladung häuptsächlich in Fleisch- und Wurstwaren vor.

Tab. 2: Fettgehalt ausgewählter Nahrungsmittel, Angaben gerundet.

Nahrungsmittel	Fettgehalt in g pro 100 g	Fettgehalt in % der Trockenmasse
Käse		
Butterkäse 60 % i.Tr.	34	60
Appenzeller 50 % i.Tr.	31,6	50
Bergkäse 45 %	30	45
Fleisch- und Wurstwaren		
Schweinefleisch (Muskelfleisch)	2	8
Rindfleisch (Muskelfleisch)	2	7
Bratwurst	29	75
Frankfurter	25	62
Gelbwurst	27	73
Mettwurst	37	72
Süßwaren		
Nußkuchen	24	32
Mandelmakronen	24	38
Sahnetorte	25	42
Nuß-Nougat-Creme	ca. 40	40
Marzipan	25	30
Vollmilchschokolade	30	32
Eiscreme	10	36
Erdnüsse	50	58
Haselnüsse	61	81
Kokosnuß	36	84
Walnuß	62	55
Fertiggemüse		
Rahmgemüse (Fertigprodukt)	9	34
Pizza-Baguette	28	44
Kartoffelchips	40	44
Salatsoße mit Joghurt	15	68

Zuchtlachs stammt aus »Massentierhaltung«, die wie bei landlebenden Tieren auch den Einsatz von Zuchthilfsmitteln (z.B. Antibiotika) erfordert. Verzichten Sie eher darauf, wenn Sie die Herkunft nicht kennen.

Tip Als generelle Regel bei Fetten ist folgende Richtschnur sinnvoll: Essen Sie mehr pflanzliche Fette und fetthaltigen Hochseefisch, reduzieren Sie Ihren Verzehr an Fetten von landlebenden Tieren! Besonders günstig sind Olivenöl, Leinöl in kleineren Mengen und fetter Fisch wie Makrele, Hering, Sardinen, Wildlachs.

Eiweiß als Baustoff

Eiweiß ist weniger Energieträger als vielmehr Baumaterial für alle Zellen und Gewebe. Damit ist es sehr wichtig. Die übliche Nahrung enthält allerdings eher schon zuviel Eiweiß als zuwenig.

Eiweiße sind aus kleineren Baustoffen aufgebaut, den Aminosäuren. Einige davon kann der Körper selbst herstellen, andere muß er mit der Nahrung aufnehmen: Das sind die sogenannten essentiellen Aminosäuren, deren es 22 verschiedene gibt. Jedes Eiweiß hat sein ganz charakteristisches Aminosäurenmuster, tierische Eiweiße haben andere als pflanzliche.

Die essentiellen (= notwendigen) Aminosäuren muß man wie die Vitamine regelmäßig zuführen, sonst treten Mangelerscheinungen und Fehlfunktionen auf. Wer tierisches Eiweiß (Fleisch, Fisch, Milchprodukte) ißt, bekommt ausreichend essentielle Aminosäuren, ohne sich viel Gedanken darüber machen zu müssen. Anders ist es bei strengeren Vegetariern. Pflanzliche Eiweiße enthalten zuweilen »Lücken« in ihrem Aminosäuren-Angebot. Diese Lücken lassen sich allerdings ausgleichen, wenn Sie bestimmte pflanzliche Eiweiße miteinander kombinieren. Hier ist aber einiges Know-how gefragt, so daß ich empfehle, sich genau beraten zu lassen. Eine Übersicht über die Kombinationsmöglichkeiten gibt Ihnen der folgende Kasten:

Günstige vegetarische Kombinationen für eine vollständige Versorgung mit essentiellen Aminosäuren

Getreide mit Milchprodukten

Reis, Weizen, Buchweizen, Hafer, Gerste, Roggen, Hirse, Grünkern, Mais	mit	Milch, Käse, Quark, Joghurt, Dickmilch

z.B.: Vollkorn- oder Buchweizenpfannkuchen mit Trinkmilch, Müsli mit Milch oder Joghurt, Vollkornnudeln mit Käse, Vollkornbrot mit Käse, Joghurt und Weizenkeime

Getreide mit Hülsenfrüchten

Reis, Weizen, Buchweizen, Hafer, Gerste, Roggen, Hirse, Grünkern, Mais	mit	Bohnen, Sojabohnen, Kichererbsen, Erbsen, Linsen

z.B.: Bohnensuppe mit Reis, Hirse mit Kichererbsen, Erbsensuppe mit Vollkornbrötchen, Bohnen und Mais

Getreide mit Eiern

Reis, Weizen, Buchweizen, Hafer, Gerste, Roggen, Hirse, Grünkern	mit	Ei

z.B.: Buchweizenpfannkuchen mit Ei, Rührei mit Brot, Eierteigwaren

Kartoffeln mit Ei oder Milch

Kartoffeln	mit	Ei, Milch, Quark, Joghurt, Dickmilch, Käse

z.B. Pellkartoffeln mit Quark, Bratkartoffeln mit Spiegelei, Kartoffeln mit Käse überbacken

(nach Hamm, M., Gohlke, Vitalkost für Ihr Herz; TRIAS 1998)

Anbaumethoden und Düngung verändern auch das Aminosäurenmuster etwas (ohne »Gentechnik«!). In dieser Hinsicht bringt alternativ angebautes Getreide allerdings keine Vorteile.

Kartoffeln mit Ei bieten die höchste Eiweißwertigkeit.

Die Empfehlungen für Eiweiß in der Schwangerschaft lauten: Eiweiß aus tierischen Quellen ist oft »vollwertiger« als solches aus pflanzlichen. Dennoch reichen 2 oder 3 Mahlzeiten mit tierischem Eiweiß in der Woche in der Regel aus. Magere Eiweißquellen wie Geflügel, Fisch, mageres Fleisch sind fetten Eiweißlieferanten (Wurst, fetter Käse) unbedingt vorzuziehen. Wenn Sie auf tierische Eiweißquellen verzichten möchten, sollten Sie während der Schwangerschaft ganz besonders darauf achten, die Lebensmittel im Hinblick auf die Aminosäurenzusammensetzung zu kombinieren.

Koch- und Küchenkünste sind gefragt!

Gesunde Küche muß nicht kompliziert und zeitraubend sein! Im Rezeptteil ab Seite 114 finden Sie das bestätigt.

Warum denn das? Wenn Sie Nahrungsmittel doch möglichst wenig bearbeitet essen sollen? Bedeutet das nicht Rohkost? Zum Thema »rohe Lebensmittel« müssen wir zwei Fragen ansprechen. Die eine: Ist Rohkost gesünder und besser als gegarte Kost? Die andere: Wie ist es um die Hygiene bei rohen Lebensmitteln bestellt?

Rohkost = Gesundkost?

Durch den Garvorgang werden etliche hitzelabile Vitamine und Begleitstoffe zerstört. Allerdings wird das Essen dadurch auch wesentlich leichter verdaulich. Es ist keineswegs notwendig, Gemüse ausschließlich roh zu essen. Rohkost ist oft recht schwer verdaulich und beansprucht die Verdauungsdrüsen so stark, daß Sie möglicherweise nicht genug essen. Wichtig ist deshalb, daß Sie Rohkost ganz besonders gut kauen. Bitte nicht den neuesten Klatsch über der Rohkostplatte austauschen, denn Kauen und Sprechen gleichzeitig geht nicht! Rohkost kann rasch zu Blähungen und ähnlichen Unannehmlichkeiten führen, worauf besonders Schwangere gut verzichten können. Hören Sie dann auf Ihren Körper und erzwingen Sie nichts. Rohkost muß nicht unbedingt sein.

Was roh problemlos verträglich ist, können Sie – gut gewaschen – unbesorgt essen, beispielsweise Salatgurken, Tomaten, Möhren, Rettich, Radieschen.

Ein paar Handgriffe, die richtigen Gerätschaften: So schwierig ist Kochen gar nicht!

Bei Kohl wie Kohlrabi, Blumenkohl, Brokkoli wird es mit dem Rohessen schon bedenklicher. Kartoffeln und Bohnen müssen sogar gegart werden, denn sonst sind sie völlig unverträglich bzw. sogar giftig. Hülsenfrüchte sind sehr gehaltvoll, aber auch einigermaßen schwer verdaulich. Sie sollten ebenfalls gut durchgegart werden.

Licht, Luftsauerstoff und zuviel Wasser rauben Vitalstoffe.

Der schwere und unangenehme Kohlgeruch entsteht erst bei längerem Kochen.

Praxistips

Ein bißchen Küchenpraxis

- Geben Sie an rohes Gemüse, das reichlich die Vitamin-A-Vorstufe Beta-Carotin enthält, immer einen Kaffeelöffel Pflanzenöl oder etwas Sahne, damit das Vitamin resorbiert werden kann.
- Tomaten enthalten sehr viel Lykopin, das im Körper noch effektiver als Beta-Carotin ist. Je besser die Frucht zerkleinert ist, desto mehr Lykopin wird aufgenommen (am besten aus Tomatenmark und -ketchup). Allerdings enthalten Tomaten viel Oxalsäure (s. S. 16)
- Möhren sollten ebenfalls sehr fein geraspelt werden, sonst geht das ganze Beta-Carotin flöten.
- Schneiden/raspeln Sie Gemüse bitte immer erst unmittelbar vor dem Verzehr klein, sonst gehen unter Einfluß von Licht und Sauerstoff viele Vitalstoffe verloren.
- Kohlgemüse und andere, die Sie garen möchten, sollten Sie gut im Auge behalten: Bitte garen Sie nur knapp (bißfest).
- Am meisten Vitalstoffe bleiben erhalten, wenn Sie mit etwas Fett (z.B. Olivenöl oder etwas Margarine) andünsten, mit sehr wenig Wasser ablöschen (bei sehr dicht schließenden Topfdeckeln ist das Wasser teilweise nicht notwendig) und häufiger prüfen, ob das Gemüse ausreichend weich ist.
- Bitte kochen Sie Kartoffeln und Gemüse nie in sprudelndem Wasser, wie ich es zu meinem Entsetzen schon in TV-Kochsendungen gesehen habe. Die Mineralstoffe laugen hierbei besonders stark aus und werden mit dem Kochwasser weggeschüttet!
- Auch zu Kartoffeln brauchen Sie nur ca. 1 cm hoch Wasser in den Topf zu geben. Bei Pellkartoffeln passiert nicht viel, die Schale hält die Mineralstoffe

zurück. Hier können Sie das Kochwasser wegwerfen. Bei Salzkartoffeln sollten Sie es für eine Soße oder Suppe weiterverwenden. Die schmeckt dann tausendmal besser als mit Leitungswasser und ist mineralstoffreich!

- Vollkorn ist eine gute Mineralstoff- und Vitaminquelle. Wenn Sie davon mehr als bisher essen wollen: Bitte langsam angehen, es ist zunächst schwerer verdaulich, und Ihre Darmflora muß sich daran gewöhnen. Mischen Sie immer mehr Vollkornmehl ins Weißmehl. Ins Müsli zunächst Vollkornschrot, nicht gleich ganze Körner, mit der Ausnahme von Haferflocken, die schon Babys gut vertragen!
- Vollkornschrot oder ganzes Korn sollten Sie mehrere Stunden einweichen, bevor Sie es als Müsli essen, damit die Phytinsäure (Seite 18) abgebaut wird. Allerdings kann sich das Müsli während der Einweichzeit mit Bakterien besiedeln, deshalb gehört es in den Kühlschrank. Haferflocken als hervorragende Vitalstoff-Lieferanten halte ich für völlig ausreichend; Sie sind ja kein Huhn, das sich von Körnern ernährt. Die Vielkorn-Euphorie halte ich für etwas übertrieben: Hier scheint mir die Theorie zu oft über das Körpergefühl zu siegen!

Ganze Körner können Sie über längere Zeit lagern. Geschrotete Getreide werden jedoch schnell rautig und schmecken dann bitter.

Vitalstoffe verlangen Sorgfalt

Wie hoch sind Vitamin- und Mineralstoffverluste?

Bei Gemüse und Kartoffeln:

- am geringsten beim Dünsten in wenig Fett
- es folgt das Dämpfen (Garen in Wasserdampf)
- Dämpfen im Drucktopf geht schnell und hält die Verluste ebenfalls recht gering
- Kochen in Wasser laugt ausgesprochen aus
- Garen im Römertopf erhält alle Mineralstoffe. Wegen der langen Gardauer wahrscheinlich aber Vitaminverluste

Bei Fleisch:

- am geringsten beim Braten/Grillen
- es folgt das Schmoren
- Schlußlicht ist das Kochen (z.B. in Eintopf)

Vitaminverluste ergeben sich auch durch die Lagerung. Wenn Sie Obst und Gemüse nicht zwei- bis dreimal wöchentlich frisch kaufen können, ist Tiefkühlware eine Alternative, denn es hält die Vitamine länger als unzureichend gelagerte frische Ware (die ja auch schon im Supermarkt gelegen hat). Lagern Sie Obst und Gemüse dunkel und kühl. Im unteren Kühlschrankfach, besonders hinten an der Rückwand, ist es am kühlsten. In Folie eingepacktes Gemüse hält die Vitamine besser als lose angebotene Ware (allerdings könnte es schon länger gelagert sein, und es macht Müll).

Schälen oder nicht schälen?

Dicht unter der Schale sitzen die meisten Vitamine, aber auch die meisten Schadstoffe. Deshalb hängt es davon ab, woher das Obst oder Gemüse kommt – aus konventionellem Anbau mit Mineraldünger, aus dem Treibhaus im Winter (es bildet sich mehr Nitrat), aus integriertem Anbau (Düngung und Spritzen auf ein Mindestmaß reduziert), aus ökologischem Anbau (Verzicht auf chemische Anbau- und Ertragshilfen)? Liegen die Erntegebiete in Regionen mit hohem Schwebstoffgehalt (dann ist auch »Ökogemüse« schadstoffbelasteter)? Liegt das Verkaufsgebiet an einer stark befahrenen Straße? Durch gründlichstes Waschen können Sie Schadstoffe aus der Luft recht gut beseitigen. Benutzen Sie dazu eine kleine Gemüsebürste.

Wenn Sie schälen, dann möglichst dünn; hierfür gibt es den praktischen Sparschäler. Die Ballaststoffe, die Obst und Gemüse mitbringen, binden übrigens Schadstoffe im Darm an sich und befördern sie nach außen, bevor sie ins Blut aufgenommen werden. Deshalb ist bei Obst und Gemüse die Angst vor Schadstoffen relativ unbegründet, der Vorteil überwiegt bei weitem. Nur frisch sollte es sein, denn die Schadstoffe verflüchtigen sich leider nicht so rasch wie die Vitamine!

Was Sie auf keinen Fall roh essen sollten

Über Nahrungsmittel können Krankheitserreger übertragen werden, die in der Schwangerschaft besonders gefährlich sind. Dazu gehören Listeria-Bakterien und Toxoplasmose-Parasiten. Besonders tückisch ist, daß die werdende Mutter unter Umständen nichts von der Infektion spürt, das Kleine dann aber mit ernsten Schäden auf die Welt kommen kann.

Verzichten Sie daher bitte auf rohe Fleisch- und Milchprodukte (siehe Kasten)!

Rohe Fleisch- und Milchprodukte

Fleisch- und Wurstwaren
Mettwurst, Teewurst
Salami
Mett, Tartar
Carpaccio, Bündner Fleisch usw.
Fleisch bitte immer gut durchbraten! Ein Steak »well done« ist in England und den USA für unsere Begriffe immer noch halb lebend!

Milch/-produkte
Rohmilch
Camembert
Romadur
Münster
halbfester Schnittkäse (in Deutschland meist pasteurisiert)
Ebenfalls ungeeignet wegen ungünstiger Schimmelpilze: Blauschimmelkäse (z.B. Gorgonzola)

Rohe Eier werden zum Teil zum Verfeinern oder für Süßspeisen verwendet (z. B. Zabaione). Auch das ist u.a. wegen einer möglichen Salmonelleninfektion ungünstig.

Denken Sie daran, daß in Deutschland zwar die meisten Käse pasteurisiert werden, im Ausland (z.B. Frankreich) aber nicht, da man dort keinen Geschmacksverlust hinnehmen möchte. Seien Sie im Ausland besonders vorsichtig, fragen Sie nach oder verzichten Sie ganz auf »Verdächtiges«.

Vorsicht vor Schimmel

Aflatoxin ist eine hochgiftige Substanz, die von Schimmelpilzen gebildet wird. Werfen Sie in der Schwangerschaft Verschimmeltes bitte ganz weg. Vor allem in wasserhaltigen Lebensmitteln hat sich der Schimmel unsichtbar schon ausgebreitet; das, was Sie als Schimmel sehen, ist nur die Spitze des Eisbergs.

Aflatoxin und Ergotamin

Einige Pilze bilden hochgiftige Stoffe aus. Zu ihnen gehört das Aflatoxin aus dem Schimmelpilz Aspergillus flavus. Dieses Gift ist als krebserregend bekannt, kann aber auch Erbgutveränderungen (Mutationen) auslösen.

Das Mutterkorn ist ebenfalls ein Pilz, der sogenannte Strahlenpilz. Er wächst auf Getreideähren. Die in ihm enthaltenen Stoffe (u.a. Ergotamin, Ergometrin) sind weniger giftig als das Aflatoxin und werden sogar als Medikamente eingesetzt, z.B. bei Migräne. Der Name »Mutterkorn« erinnert an die Wirkung auf die Gebärmutter: Die Alkaloide führen zu einer Kontraktion der Gebärmutter, indem sie die Wirkung von Nervenbotenstoffen imitieren. Früher wurde das Mutterkorn deshalb auch für Abtreibungen verwendet. Essen Sie deshalb bitte nur Getreidekörner, deren Herkunft Ihnen bekannt ist, um eine Verunreinigung mit Mutterkorn zu vermeiden.

Da in Stichproben bei Erdnüssen recht häufig Aflatoxine nachgewiesen werden, sollten Sie auf Erdnüsse verzichten. Besonders bei Erdnußprodukten haben Sie keine Kontrolle, woraus sie hergestellt sind und ob die verarbeitete Ware verschimmelt war. Bei anderen Nüssen ist diese Gefahr geringer, weil sie luftig am Baum und nicht dicht über der feuchten Erde wachsen.

Ein Gläschen in Ehren ...

Wie verhält es sich mit Alkohol in der Schwangerschaft? Das ist keine ganz einfache Frage, denn ich kann Ihnen nicht beweisen, daß bei dieser oder jener bestimmten Alkoholdosis eine Schädigung des Ungeborenen stattfindet. Fachleute sagen, es bestehe keine Dosis-Wirkungs-Beziehung zwischen Alkohol und einer Schädigung des Embryos.

Dennoch: Alkohol ist ein Zellgift. Werdende Mütter, die Alkoholmißbrauch betreiben, bringen häufiger geschädigte, zu kleine und zu leichte Kinder auf die Welt als Mütter, die auf Alkohol verzichten. Am besten fahren Sie, wenn Sie das »Genußgift« völlig weglassen, denn es gibt, im Gegensatz zu den üblichen Nahrungsmitteln, keinen gesundheitlichen guten Grund, Alkohol zu trinken.

Leckere Drinks können Sie auch ohne Alkohol mixen. Warm ums Herz macht Ihnen auch folgendes: 2 cm Ingwerwurzel auspressen, mit 8 cl frischem Möhren- und 10 cl frischem Apfelsaft mixen, in ein vorgekühltes Glas geben.

Haben Sie Alkohol getrunken, bevor Sie wußten, daß Sie schwanger waren? Machen Sie sich keine Sorgen. In den ersten ca. 10 Tagen gilt das Alles-oder-nichts-Prinzip: Eine möglicherweise schädliche Substanz bringt dann entweder das befruchtete, sich teilende Ei ganz zum Absterben, oder es läßt das werdende Leben völlig unbeeinträchtigt. Entwickelt sich die Schwangerschaft weiter, hat der fragliche Schadstoff (das kann auch einmal ein Medikament sein) keinen Schaden angerichtet.

Ist etwas falsch am modernen Essen?

Wie Sie sich genau ernähren, weiß ich natürlich nicht. Gehören Sie zu den jungen Frauen, die es gern unkompliziert haben, bei denen es mit dem Essen zack-zack gehen muß und die nicht viel mit Hantieren in der Küche am Hut haben?

Achten Sie auf Ihre Linie, und ernähren Sie sich von Joghurt, Salat, etwas Müsli? Empfinden Sie Mitleid mit den Tieren oder Sorge um die Menschen der ärmeren Länder, und verzichten Sie deshalb auf Fleisch? Oder gehören Sie zu den Gemütlichen, für die ein gutes Essen unter Freunden, die Tüte Weingummis im Kino oder der sahnige Eisbecher nach Büroschluß einfach zum Leben dazugehören?

Ob ein Nahrungsmittel gesund ist, entscheiden nicht Ernährungswissenschaftler oder Ärzte, sondern vorrangig Ihr Körper und seine Fähigkeiten!

Sie sehen, es gibt die unterschiedlichsten Tendenzen. Zum Glück entscheidet nicht nur unser Verstand darüber, was wir essen, sondern noch mehr unser Instinkt. Leider arbeitet allerdings ein ganzes Heer von Food-Spezialisten daran, sich diese Instinkte für ihre ökonomischen Ziele zunutze zu machen. Uns ist das meistens sogar recht: Die vielen Fertiggerichte erlauben es uns doch, statt muffelig am Herd zu stehen und den Eintopf zu rühren, z.B. einem anregenden Beruf nachzugehen und abends nur rasch etwas in die Mikrowelle zu schieben. Oder ganz schnell zwischendurch mal einen Gute-Laune-Kick durch einen Schokoriegel zu bekommen.

Schnelligkeit ist Trumpf

Herumzuwirbeln wie ein Irrwisch ist ja heute modern. Alles muß zackig gehen, Fun ist angesagt und schnelle Erfolge. Auch beim Essen. Damit die industrielle Fertignahrung besser schmeckt als Katzenfutter, muß sie reichlich gewürzt und mit Geschmacksverstärkern, damit sie nach etwas aussieht, mit Farbstoffen, und damit sie auch hält, mit Konservierungsmitteln versetzt werden. All das war bei Großmutters Serviettenknödeln noch völlig überflüssig.

Überflüssiges in Fertignahrung

Fertiggerichte haben oft einen hohen Anteil an

- Geschmacksverstärkern, Aromastoffen
- Fetten (teilweise durch Raffination verändert und eher gesättigt als ungesättigt, da ungesättigte Fette schneller ranzig werden)
- Kochsalz (verstärkt den Geschmack, billiges »Füllmittel«)
- Zucker (Süßes macht Hunger auf mehr, billiges »Füllmittel«)
- Alkohol (!)
- Phosphaten (machen z.B. Wurst saftig und knackig, hemmen aber die Kalziumaufnahme)

Durch aufwendige Produktionsverfahren erniedrigt ist oft der Gehalt an

- Vitaminen
- Mineralstoffen/Spurenelementen (die teilweise nachträglich wieder ergänzt werden)
- sekundären Pflanzenstoffen

Auch in meinem Haushalt finden Sie Soßenpulver. Aber das Verhältnis Fertignahrung zu frisch Zubereitetem muß stimmen!

Was schleust sich da mit dem Essen ein?

Zusatzstoffe, die mit E-Nummern bezeichnet werden, sind nicht unbedingt »synthetisch« oder »unnatürlich«. Neben Vitaminen (Vitamin C und E als Antioxidanzien E300–E302 und E306–309; Vitamin B_2 als gelber Farbstoff Lactoflavin/Riboflavin, E101) und Beta-Carotin (Provitamin A; E160a als oranger Farbstoff), dem Emulgator Lecithin, einer wichtigen körpereigenen Substanz (E322), oder natürlichen Säuren (E330–E337, E350–E353, E363, E375) werden auch völlig unbedenkliche Pflanzenprodukte eingesetzt (Gummi arabicum E414, Johannisbrotkernmehl E410, Carbo medicinalis – Pflanzenkohle E153).

Zusatzstoffe müssen nicht »rein chemisch« sein.

Unnatürlich bunt Gefärbtes sollten Sie während der Schwangerschaft im Regal lassen.

Man nehme ...

Lassen Sie einmal folgende Zutatenliste auf sich wirken:

- Chinolingelb
- Brillantblau FCF
- Azorubin
- Cochenillerot A, Ponceau 4 R
- Gelborange S
- 6-Hydroxy-5(2-methoxy-5-methyl-4-sulphophenyl)azo-2-naphthalensulphonsäure, Dinatriumsalz (=Allurarot AC)
- Titandioxid

Farbtöne für die Ausstattung von Babys neuem Reich? Die neuesten Farbstellungen für Umstandsmode? Mitnichten. Die genannten Farbstoffe verbergen sich hinter den Kürzeln E104, E110, E122, E129, E133, E171 und sind in Lebensmitteln enthalten, genauer in poppig-bunten Süßigkeiten, die ich eigens daraufhin einmal genauer unter die Lupe genommen habe.

- Als bedenklich in der Schwangerschaft einzustufen sind die synthetischen **Azo-Farbstoffe**. Wo immer möglich, sollten Sie darauf verzichten. In einigen Ländern sind sie teilweise oder völlig verboten. Zu dieser Substanzgruppe gehören die im Kasten aufgeführten E-Nummern. Weitere: E102, E127, E131, E132, E142.

Zusatzstoffe können für Allergien verantwortlich sein.

- Eine Belastung des Leberstoffwechsels wird den Konservierungsmitteln **Benzoesäure** und ihren Salzen nachgesagt(E210–213). Da die Leber während der Schwangerschaft verstärkt belastet ist, scheint es ratsam, den Verzehr dieser Konservierungsmittel ebenfalls einzuschränken.

- Einige **Schwefelverbindungen** hemmen Enzymaktivitäten und zerstören Vitamin B_1. Hierzu gehören die Konservierungsmittel Schwefeldioxid und Sulfite (E220–E227) sowie Sulfate (E513–E516, E520, E523).

- **Nitrate** und **Natriumnitrit** (Pökelsalz) behindern den Sauerstofftransport im Blut, deshalb ist in der Schwangerschaft hier ebenfalls Vorsicht angeraten. Eine weitere Nitratquelle sind Salate und Gemüse aus dem Gewächshaus. Unter natürlicher Sonneneinstrahlung wird das Nitrat abgebaut, im Gewächshaus jedoch nicht. Auch da lohnt es sich, Gemüse der Saison zu essen! Allerdings macht hier wie auch sonst die Dosis das Gift. Sie sollen keineswegs den ganzen Winter lang auf Salat verzichten.

Nitrate werden zu Nitrit umgebaut. Werden sie erhitzt, können Nitrosamine entstehen, besonders wenn pökelsalzhaltige Lebensmittel (Wurst, geräucherter Schinken) zusammen mit Käse stark erhitzt werden. Diese Verbindungen werden als krebsfördernd angesehen, deshalb sollten sie auch in der Schwangerschaft vermieden werden.

Grillwurst mit eingebautem Käse, mit Käse direkt überbackene Salami (Pizza) sind ungünstige Kombinationen.

- Die Säuerungsmittel **Phosphorsäure** und ihre Salze (E338–E343, E450, E540, E543–544), vor allem in Colagetränken enthalten, behindern die Aufnahme von Mineralstoffen in den Körper. Auch das ist während der anderen Umstände unerwünscht.

- Die Verdickungsmittel **Alginsäure** und ihre Salze (Alginate, E400 bis E405) bilden mit Eisen schwer lösliche Verbindungen, so daß die Eisenaufnahme gehemmt wird. Auch das möchten Sie nicht. Bei Agar-Agar (E406, Meeresalgenprodukt) scheinen diese Bedenken nicht zu bestehen.

Der Kalorien- und Nährstoffbedarf ist zu individuell, um ihn in ein enges Schema zu pressen.

Was bringen Sie nun auf den Tisch?

Strikte Ernährungspläne sind über die Zeit der Schwangerschaft nicht sinnvoll. Zu unterschiedlich sind die einzelnen Frauen aufgrund ihrer Konstitution und ihrer Anforderungen. An eine Richtschnur sollten Sie sich jedoch halten, die Ihnen einerseits erlaubt, möglichst viel von dem zu essen, was Sie mögen, und Ihnen andererseits die Gewißheit gibt, möglichst viele Nährstoffe in ausgewogener Form zu erhalten. Der Körper tut dann sein übriges, nämlich den Bedarf über eine gesteigerte oder verminderte Aufnahme zu decken.

Sehr praktikabel ist die Ernährungspyramide. Hier sehen Sie auf einen Blick, aus welchen Nährstoffgruppen Sie sich möglichst täglich bedienen sollten. Kam eine Gruppe einmal zu kurz, dann geben Sie ihr am nächsten Tag etwas den Vorzug. Haben Sie sich einige Tage aus gegebe-

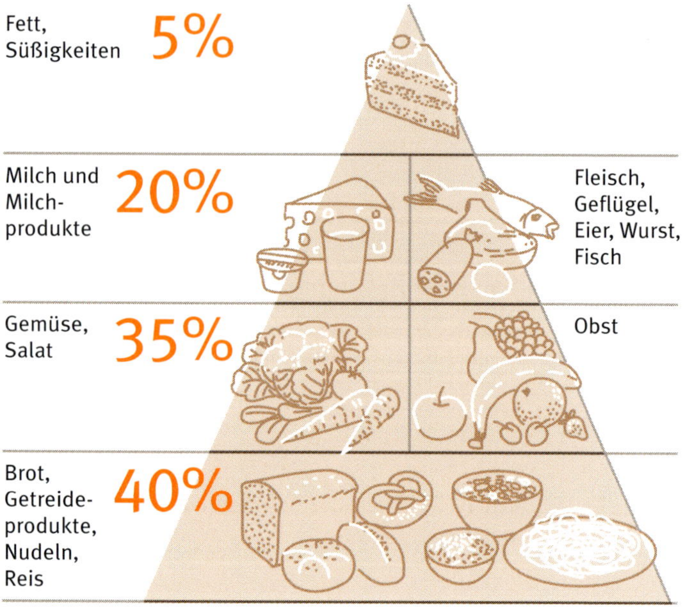

Die Ernährungspyramide zeigt Ihnen, wie hoch der Anteil der einzelnen Nahrungsmittelgruppen sein soll.

nem Anlaß eher an den Dingen, die in der Spitze aufgeführt sind, gütlich getan, so widmen Sie sich später mehr der Basis. Insgesamt sollten Sie sich aber an die Empfehlungen der Pyramide halten und sich außerdem auf Ihr Hungergefühl verlassen. Versuchen Sie, immer erst dann zu essen, wenn Sie wirklich Hunger verspüren!

Auch Trinken ist wichtig

Von der Menge her ist Wasser das wichtigste Grundnahrungsmittel. Jeder Erwachsene braucht als Minimum 1,5 Liter Getränke pro Tag; in der Schwangerschaft erhöht sich Ihr Bedarf gegenüber vorher. Wenn Sie in der Schwangerschaft voller und hübscher (viele sogar jünger!) aussehen, liegt das an der vermehrten Flüssigkeitseinlagerung. Nun wenig zu trinken wäre gefährlich, denn die Flüssigkeit ist notwendig, um das Gleichgewicht der Mineralstoffe zueinander aufrechtzuerhalten. Leiden Sie an Ödemen, muß Kochsalz reduziert werden, das Wasser an sich bindet. Würden Sie einfach nur weniger trinken, dann stünde für das im Körper vorhandene Salz zu wenig Wasser zur Verfügung, und das empfindliche Gleichgewicht der Mineralstoffe zueinander würde gestört (als Durstlöscher ist natriumarmes Mineralwasser hier besonders geeignet). Trinken Sie daher immer so viel, wie Sie Durst haben. Das Durstgefühl ist beim Menschen ohnehin recht unzuverlässig: Wenn Sie Durst verspüren, ist das Flüssigkeitsdefizit schon recht hoch.

In der Schwangerschaft schwitzen viele mehr. Bitte gleichen Sie auch das durch vermehrtes Trinken aus. Wenn Sie jetzt bewußt wenig trinken, um »nicht noch mehr zu schwitzen«, nehmen Sie Ihrem Körper die Möglichkeit, durch Verdunstung abzukühlen – schlecht für Ihr Wohlbefinden und für den Kreislauf.

Als Getränke sind Mineralwasser und leichte Kräutertees geeignet. Bei Kräutern beachten Sie bitte die Tabelle 5 auf Seite 105 ff.. Kaffee sollten Sie auf höchstens zwei Tassen am Tag begrenzen! Wie Sie Ihren Kaffeekonsum herunterfahren können, ohne in das berühmt-berüchtigte Loch zu fallen, lesen Sie im folgenden Kasten.

Statt Kaffee

Viele Mütter berichten, der Appetit auf Kaffee sei ihnen mit Beginn der Schwangerschaft von selbst abhanden gekommen. Falls das bei Ihnen nicht der Fall ist, sollten Sie dennoch den Genuß des schwarzen Türkentrankes einschränken. Übermäßiger Kaffeegenuß wurde für ein niedriges Geburtsgewicht oder für verstärkte Fehlgeburtsneigung verantwortlich gemacht.

Die kreislaufanregende Wirkung des Kaffees können Sie auch durch Trockenbürsten erreichen. (Bürsten des Körpers mit einer weichen Körperbürste, immer von herzfern zum Herzen hin, erst an den Beinen, dann an den Armen). Rosmarintee regt ebenfalls an.

Rosmarintee: Nehmen Sie 1 TL frische oder getrocknete Rosmarinblätter auf ½ bis 1 l Wasser. Mit siedendem Wasser überbrühen, 5 Minuten ziehen lassen, abseihen.

Können Sie sich nicht schlagartig vom Kaffee trennen, dann hilft es, immer mehr coffeinfreies Kaffeepulver unter den normalen Kaffee zu mischen. Oder steigen Sie auf Kaffee auf orientalische Art oder Espresso um.

Wer von einem Tag auf den anderen auf Kaffee verzichtet, bekommt als Quittung nicht selten einen bohrenden Kopfschmerz, ein charakteristisches Entzugssyndrom. Um ihn nicht mit Medikamenten kurieren zu müssen, können Sie es mit äußerlich angewandtem Pfefferminzöl versuchen. Als Fertigpräparat ist es in Apotheken erhältlich (z.B. Euminz N). Anfangs sollten Sie es viertelstündlich mit Hilfe des Applikators in beide Schläfengruben einreiben. Daß Sie wie ein wandelndes Pfefferminzbonbon duften, wird Ihnen schon wegen Ihrer »anderen Umstände« niemand übelnehmen!

Da sich in der Schwangerschaft reichlich Milch oder Sauermilchprodukte empfehlen, haben Sie hiermit auch eine Möglichkeit, den Flüssigkeitshaushalt aufzustocken. Kaffeetanten bringen ihrer Milch übrigens mit Kaffee-Ersatz den geschätzten bittersüßen Geschmack bei. (Den Kaffee-Ersatz mit etwas heißem Wasser auflösen und mit Milch auffüllen. Wenn Sie die Milch im Milchschäumer bearbeiten, haben Sie einen leckeren Umstands-Cappuccino!) Im Sommer ist das türkische Erfrischungsgetränk Ayran, das es mittlerweile auch in vielen Supermärkten gibt, ein sehr guter Durstlöscher: Mischen Sie zu gleichen Teilen Wasser mit Joghurt und geben Sie eine winzige Prise Salz hinzu.

Alkoholika sind als Getränke tabu. Wie Sie es mit einem Schlückchen Alkohol als Genußmittel halten, sollten Sie sich gründlich überlegen (siehe Seite 49). Bitte denken Sie bei Flugreisen daran, daß Alkohol, über den Wolken genossen, noch wesentlich rascher ins Blut übergeht als auf Erden; bei Flugreisen in der Schwangerschaft rate ich daher zu völligem Alkoholverzicht.

Zwei auf der Waage

Wie Sie das Thema »Zunehmen« ganz entspannt angehen, warum Ihr Arzt so viel Wert darauf legt und was Ihr Baby dazu meint, erfahren Sie auf den folgenden Seiten.

Mehr als die Hälfte aller Frauen hat ein gespaltenes Verhältnis zur Waage. Sie fühlen sich meistens zu dick, selten einmal zu dünn. Schon in der Pubertät gerät bei vielen Mädchen das eigene Körperbild aus dem Gleis: Sie finden sich unerträglich fett und sind genau das Gegenteil. In unserer Gesellschaft, in der immer noch das Ideal *schlank = schön* kursiert, kontrollieren sich die meisten Frauen zumindest zeitweilig beim Essen sehr stark. Das führt dann aber oft zum Gegenteil des Gewünschten: Vor lauter Denken ans Essen bekommen sie immer nagenderen Hunger und essen schließlich sogar über den Bedarf.

Nun kommt die Schwangerschaft, und jetzt winkt sogar der Arzt mit dem Mutterpaß, um haarklein jede Gewichtszunahme zu dokumentieren. Zwar dürfen Sie jetzt ganz offiziell zunehmen, aber auch das wieder nur mit angezogenen Zügeln? Ist ja furchtbar…

Wiegen Sie sich nicht zu oft, denn das führt zu übertriebener Kontrolle und das wiederum zu einem Überhören der körpereigenen Signale! Einmal wöchentlich, immer zu gleichen Bedingungen (z.B. morgens nach der Dusche) reicht.

Seien Sie unbesorgt: Wenn Sie sich nicht durch Industriefutter oder Schleckwerk »den Appetit verderben«, wie die Mama es früher nannte, dann können Sie sich recht gut auf Ihre inneren Signale verlassen. Sie sollen sich beim Essen nicht ständig bewußt einschränken, denn die übertriebene Kontrolle führt zu ebenso heftigen Ausschlägen zur Gegenseite, dem unkontrollierbaren Heißhunger. Sie sollen aber auch nicht ganz besonders reinhauen! Achten Sie auf Anzeichen von Hunger und essen Sie, bis Sie angenehm satt sind. Alles übrige, die bedarfsgerecht gesteigerten Mahlzeitenportionen und den Appetit auf das, was Sie benötigen, regelt der Körper dann von selbst.

Eine spannende Sache ist das mit der Gewichtszunahme dennoch. Um dem Baby einen guten Start zu ermöglichen und damit Sie sich nach der Entbindung wieder wohlfühlen mit Ihrer Figur, sollte sich die Gewichtszunahme in einem bestimmten Rahmen, zwischen 10–12 (bis maximal 14) kg, bewegen (siehe Abbildung nächste Seite).

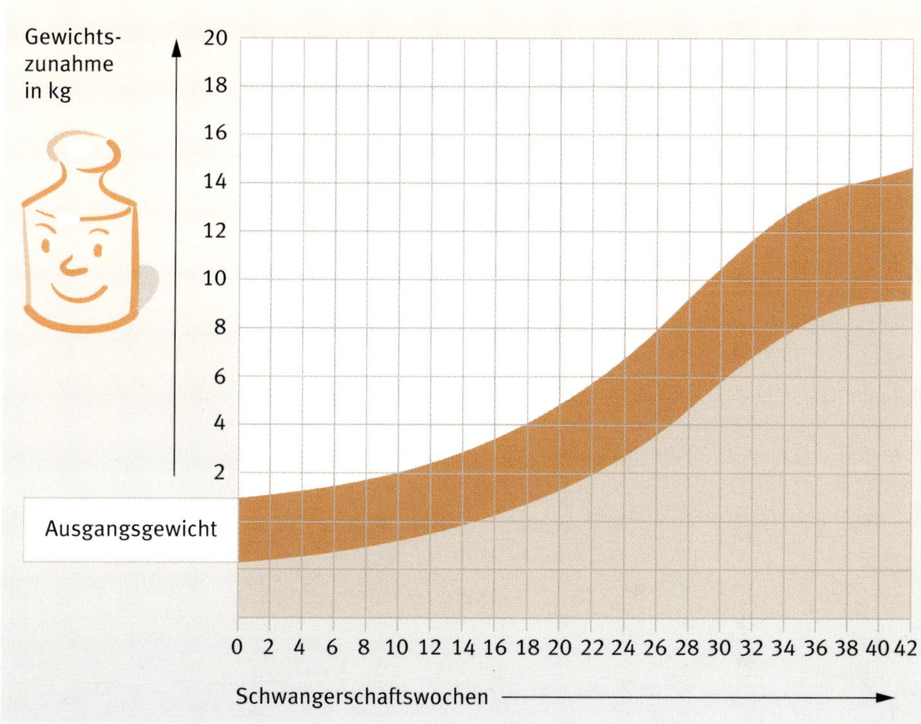

Ihre Gewichtszunahme während der Schwangerschaft sollte sich im dunklen Streifen bewegen.

Von diesem »Normgewichtsanstieg«, der einen groben Anhaltspunkt gibt, dürfen oder sollen Sie abweichen, wenn auch Ihr bisheriges Gewicht vom Normgewicht abweicht. Sind Sie zu Beginn der Schwangerschaft sehr schlank, sollen Sie mehr zunehmen; sind Sie dagegen schon am Anfang fülliger, lohnt es sich für Sie und für Ihr Baby, die Gewichtsentwicklung etwas strenger im Auge zu behalten. Bitte sprechen Sie mit Ihrem Arzt darüber.

Bitte machen Sie auf keinen Fall ohne ärztliche Begleitung während der Schwangerschaft eine Abmagerungsdiät! Wenn Sie hungern, bekommt auch das Baby zuwenig!

Über- oder Untergewicht?

Um grob einzuschätzen, ob Sie eher über- oder zu stark untergewichtig sind, dient die Faustregel: Körpergröße in Zentimetern minus 100 ist das Normalgewicht. Bei einer Größe von 168 cm also 68 kg. Liegt Ihr Gewicht mehr als 15–20 % darunter (unter ca. 58–55 kg bei 168 cm Größe), sollten Sie mehr zunehmen als für Normalgewichtige empfohlen. Liegt es mehr als 20 % darüber (über 81 kg bei 168 cm), sollten Sie strenger sein mit der Gewichtszunahme. Die Berechnung nach dieser Formel wird als Broca-Formel bezeichnet. Diese Angaben sind nur Orientierungswerte.

Sind Sie besonders klein oder besonders groß, sollten Sie den sogenannten Body-Mass-Index (BMI) errechnen. Die Formel lautet:

$$\text{BMI} = \frac{\text{Körpergewicht in Kilogramm}}{\text{Körperlänge x Körperlänge in Metern}}$$

Je nach der erhaltenen Zahl können Sie sich in folgende Gruppen einordnen:

weniger als 19	Untergewicht
19–24	Normalgewicht
25–30	Übergewicht
30–40	Fettsucht
größer als 40	starke Fettsucht

Die Zahlenangaben gelten nur für das Gewicht vor Eintreten der Schwangerschaft.

Ihre Gewichtszunahme während der Schwangerschaft

In der Abbildung auf Seite 61 sehen Sie, wie sich das Gewicht entwickeln sollte. Sie können Ihre eigene Gewichtsentwicklung ebenfalls hineinzeichnen und sehen dann auf einen Blick, ob Sie sich im gewünschten Bereich bewegen. Geraten Sie aus dem wünschenswerten Bereich (z.B. anfangs durch Gewichtsabnahme, zwischendurch wegen der Weihnachtsfeiertage oder eines Urlaubs), ist das nicht schlimm, denn auch sonst schwankt das Gewicht um ein, zwei Kilo. Sie sollten dann nur darauf achten, daß sich die Kurve in absehbarer Zeit doch wieder dem »grünen« Bereich annähert. Wenn Sie allerdings gewissermaßen von einem Tag auf den anderen sprunghaft zunehmen, spricht das für eine Wassereinlagerung (Ödeme).

Bei Mehrlingsschwangerschaften sollten Sie sich wegen Ihres Gewichtes noch enger mit dem Arzt absprechen. »Für drei essen« sollen Sie auf keinen Fall, dafür aber sehr bewußt und besonders ausgewogen.

Sie sehen, daß sich das Gewicht nicht gleichmäßig nach oben bewegt. Im ersten Schwangerschaftsdrittel brauchen Sie noch gar nicht zuzunehmen (ebenso, wie Sie nicht mehr essen müssen als bisher). Auch ab der 40. Schwangerschaftswoche sollte sich auf der Waage nicht mehr viel Veränderung ablesen lassen.

Warum ist das mit der Gewichtszunahme so wichtig? Liegt den Doktoren so viel an der Figur junger Mütter? Es hat medizinische Gründe, daß Sie etwas achtgeben sollten. Bei Übergewicht hat sich erwiesen, daß damit häufig ein zu hoher Blutdruck und die Neigung zu erhöhten Blutzuckerspiegeln einhergeht. Die Geburt ist zuweilen schwieriger, und auch das Baby kämpft später mit einem zu hohen Gewicht. Alle diese Komplikationen können Sie in Schach halten, wenn Sie Ihr Gewicht kontrollieren.

Bei Untergewicht und mangelnder Gewichtszunahme ist die Gefahr einer Frühgeburt erhöht, und das Kind hat einen schlechteren Start, wenn es ebenfalls untergewichtig zur Welt kommt. Schnüren Ihnen Angst und Sorge vor der

Zukunft den Magen zusammen, so daß Sie nicht essen mögen, so sollten Sie versuchen, sich durch Gespräche zu entlasten. Hier kann Ihnen auch der Arzt raten, an wen Sie sich wenden können.

Ist das alles Baby-Gewicht?

Keineswegs. Am Ende der Schwangerschaft wiegt das Baby im Durchschnitt 3300 Gramm. Die Gebärmutter hat sich etwa von Pflaumengröße zu einem fast 1 kg schweren muskelkräftigen Organ herangebildet. Vermehrte Gewebsflüssigkeit, die Zunahme des Blutvolumens und das Fruchtwasser schlagen zusammen mit etwa 4 kg zu Buche. Die Brust wurde nicht nur größer, sondern auch um etwa 400 g schwerer; der Mutterkuchen beansprucht ca. 650 g. Auf einen vermehrten Fettvorrat (Depotfett) entfallen bei einer Zunahme von 12 kg und einer normalgroßen Frau nur gut 1,5 kg. Dieses Depot ist die notwendige Reserve für das Stillen.

Im Fettgewebe werden Hormone und Signalstoffe gebildet. Steht zu wenig Fett zur Verfügung, dann klappt es mit dem Stillen möglicherweise schlechter, denn dann wird der entsprechende hormonelle Regelkreis nicht eingeschaltet.

Und wenn mein Gewicht »nicht stimmt«?

Wenn Sie zuwenig zunehmen: Es hat keinen Zweck, daß Sie versuchen, sich »zu mästen«. Vielleicht entdecken Sie aber appetitdämpfende Gewohnheiten, die Sie abstellen können: ein zu hoher Kaffeekonsum, Rauchen, zuviel Streß. Auch Traurigkeit und Sorgen können auf den Magen schlagen. Bitte gehen Sie diesen Gefühlen nach, und sprechen Sie mit verständnisvollen Menschen darüber.

Wenn Sie zuviel zunehmen oder sich schon vor Beginn der Schwangerschaft zu rund fühlen: Bitte keinen Streß mit der Waage. Gewissensbisse führen meist nur dazu, daß Sie vor lauter Frust noch mehr essen. Achten Sie lediglich darauf, daß Sie den Fettanteil Ihrer Nahrung möglichst reduzieren, daß Sie nur wenig auf leere Kalorien hereinfallen und daß Sie sich ausreichend bewegen.

Bewegung zur Gewichtskontrolle

Auch in der Schwangerschaft ist Sport günstig. Er kurbelt den Kreislauf an und hebt die Laune. Meist fällt sportlichen Frauen auch die Geburt mit all ihrer Anstrengung leichter. Die in der Schwangerschaft recht häufigen Rückenschmerzen lassen sich durch gezielte Gymnastik verhindern oder mildern. Sie sollten Sport allerdings nicht ehrgeizig als »Schlankheitsmittel« betreiben. Für einen gleichmäßigen Blutzuckerspiegel, als Appetitbremse und für günstige Einwirkungen auf die Blutfette, ist Aktivität jedoch ideal, und auch das Baby wird sanft geschaukelt und massiert.

Ein Ausblick auf später

Als Mama sei man nie mehr so schlank wie früher, geistert durch den Volksmund. Das stimmt so nicht. Zwar sagen Ärzte, jedes Kind hinterlasse etwa ein Kilogramm bei der Mutter. So generell läßt sich das aber nicht behaupten. Richtiger ist, daß mit zunehmendem Alter das Gewicht etwas ansteigt. Nach der Geburt verlieren Mütter im Durchschnitt etwa 0,6 bis 0,8 kg im Monat, bis sie wieder ihr normales Ausgangsgewicht erreicht haben. Dann aber bestehen bei gleicher Ernährung und Aktivität berechtigte Aussichten, daß Sie den Inhalt Ihres Kleiderschrankes wieder genauso wie früher tragen können.

Was essen bei Schwangerschaftsbeschwerden?

»Nahrung ist die beste Medizin«, heißt es zuweilen. Auch für Schwangerschaftsbeschwerden kann das gelten. Wie Sie Ihren Kühlschrank als Apotheke nutzen, finden Sie in diesem Kapitel.

Eine spannende Sache ist die Schwangerschaft, aber die Umstellungen können auch belasten. Bleiben Sie dennoch in »guter Hoffnung«!

Die Schwangerschaft führt zu etlichen Veränderungen im Körper. Da ist einmal das werdende Kind, das Platz beansprucht. Die anatomischen Verhältnisse ändern sich hierdurch: Das Zwerchfell, das den Brustraum vom Bauchraum trennt, wird nach oben gedrückt, der Magen kann sich schlechter entleeren, der Darm hat weniger Platz. Die glatte Muskulatur der inneren Organe wird etwas träger. Das führt zu einer Verstopfungsneigung in der Schwangerschaft. Der Blut- und Lymphabfluß aus den Beinen und dem Bauchraum ist erschwert, da die Gebärmutter sich ausdehnt. Die hormonelle Umstellung wirkt sich auf den Appetit aus und auf das innere Milieu – so wird z.B. der Speichel etwas saurer. Alle diese Veränderungen, aber auch der erhöhte Vitalstoffbedarf können sich auf den Appetit und die Verdauung auswirken und zu den typischen Schwangerschaftsbeschwerden führen. Mit der geeigneten Ernährung können Sie gezielt etwas dagegen unternehmen. Bitte sprechen Sie sich bei Beschwerden aber immer auch mit Ihrem Arzt oder Ihrer Hebamme ab. Im folgenden finden Sie Tips, was Sie bei einzelnen Beschwerden für sich und Ihr Baby tun können.

Übelkeit, Schwangerschaftserbrechen

Auf die hormonelle Umstellung und die erhöhte Belastung der Leber reagiert der Körper bei mehr als der Hälfte der werdenden Mütter mit der für den Schwangerschaftsbeginn typischen Übelkeit. Sie tritt vor allem morgens in Erscheinung. Bis zur 12. bis 14. Woche läßt sie von selbst nach.

Bei ständiger Übelkeit mit häufigem und heftigem Erbrechen, das zu stärkerem Gewichtsverlust führt, spricht man von übermäßigem Schwangerschaftserbrechen (Hyperemesis gravidarum).

Bei der normalen Schwangerschaftsübelkeit spielen offensichtlich auch ein niedriger Blutdruck und ein niedriger

Zuckerspiegel am Morgen eine Rolle. Recken und strecken Sie sich ausgiebig im Bett, und lassen Sie sich, wenn das machbar ist, etwas Leichtes, einige Zwiebäcke oder einen frischen Toast ans Bett servieren. Daß beides nicht ausgesprochen vollwertig ist, lassen wir hier einmal außer acht; hier ist erwünscht, daß Sie schnell etwas Energie bekommen. Tagsüber sollten Sie häufiger kleine Mahlzeiten essen. Achten Sie auf die Signale Ihres Körpers; oft ist ein Widerwillen gegen bisher Gewohntes ein Zeichen, daß der Körper nun gern darauf verzichten möchte. Viele Frauen berichten, von einem Tag auf den anderen hätten sie keinen Kaffee mehr gemocht. Die Schwangerschaftsübelkeit kann Ihnen hier einen sinnvollen Weg weisen.

Tip: Bewährt hat es sich, einen Eßlöffel voll Honig auf nüchternen Magen einzunehmen.

Nicht nur Essen, sondern auch Gerüche können das Erbrechen auslösen. Gegenüber Gerüchen reagieren Sie in der Schwangerschaft wesentlich empfindlicher. Versuchen Sie, scharfe Gerüche zu meiden, und lüften Sie viel.

Aus der Pflanzenheilkunde

Die Ingwerwurzel hat sich bei Übelkeit bewährt. Bereiten Sie aus Ingwerwurzel oder dünn geschnittenen Wurzelscheiben einen Teeaufguß (Ingwer mit Wasser aufkochen, 10 min ziehen lassen, abseihen, mit dem Trinkhalm langsam schlürfen). Mit der Ingwer-Dosierung müssen Sie etwas experimentieren. Beginnen Sie mit einer Messerspitze Pulver oder 1 cm kleingeschnittener Wurzel pro Viertelliter.

Wenn Sie neben der Übelkeit an Bauchkrämpfen leiden, bewährt sich ein Tee aus Kamillenblüten, Pfefferminz- und Melissenblättern. Von einer Mischung, die die Drogen zu gleichen Teilen enthält, nehmen Sie einen Teelöffel. Übergießen Sie mit einem Viertelliter kochenden Wassers, lassen Sie 5 min ziehen, dann seihen Sie ab.

Sowohl die Ingerwurzel als auch die Heilkräuter bekommen Sie im Reformhaus.

Einen leckeren und vitaminreichen Ingwer-Drink finden Sie auf Seite 49.

Hyperemesis

Die Übergänge vom üblichen Schwangerschaftserbrechen zur Hyperemesis verlaufen fließend. Frauen mit Hyperemesis erbrechen sehr häufig, nehmen stärker ab und leiden sehr unter dem Erbrechen. Meistens ist hier der Organismus nicht nur durch die Schwangerschaft stark beansprucht, sondern auch noch durch andere Stressoren. Das sind vor allem seelische Ursachen, denn die Schwangerschaft fordert ja nicht nur dem Körper Veränderungen ab, sondern auch von Seele und Geist.

Die Schwangerschaft macht der Frau durch die körperlichen Veränderungen klar, daß sich für sie in Zukunft vieles ändern wird. Ist sie der Aufgabe, ein Kind zu haben, gewachsen? Wird sich die Partnerschaft ändern? Nehmen hier Zweifel überhand und können sie nicht befriedigend geäußert und bearbeitet werden, dann melden sie sich beispielsweise in einem übergroßen Widerwillen gegen das Essen.

Da bei Hyperemesis wichtige Aufbaustoffe verlorengehen, sollten Sie sich unbedingt einem Arzt anvertrauen. Hier muß gezielt ersetzt werden, was der Körper verliert. Zuweilen ist eine Infusionsbehandlung notwendig. Oft empfiehlt es sich, die gewohnte Umgebung einmal zu verlassen und Abstand vom Alltag zu gewinnen, um sich in Ruhe verschiedenen Zweifeln und Fragen zu stellen.

Ob Sie Medikamente gegen die Übelkeit einnehmen, sollten Sie bitte mit Ihrem Arzt klären. Er muß entscheiden, ob das Risiko einer Medikamenten-Einnahme oder das des übermäßigen Substanzverlustes durch das Erbrechen schwerer in der Waagschale liegt.

Saurer Hering & Co.

Warum diese Gelüste auf Saures in der Schwangerschaft? Besonders während der Phase der Übelkeit sehnen sich werdende Mütter nach Saurem. Die Leber wird, z.B. durch den erhöhten Umsatz an Hormonen und durch die gesteigerte Bildung neuer Substanz, vermehrt belastet. Um ihren Pflichten nachzukommen, kann sie bestimmte Säuren gut gebrauchen, mit deren Hilfe sie die anfallenden chemischen Reaktionen besser leisten kann. Geben Sie den Gelüsten nach Saurem daher unbesorgt nach. Auch das dumpfe Gefühl im Magen bessert sich dadurch.

Auch andere »Gelüste« haben ihren biologischen Sinn: Das Verlangen nach Orangen oder Feldsalat sorgt z.B. dafür, daß Sie sich Folsäure zuführen (nur, wenn Sie Heißhunger auf Süßes und Fettes haben, sollten Sie dem nicht unkontrolliert nachgeben. Bitte lesen Sie hierzu noch einmal Seite 35). Das Umgekehrte gilt für Abneigungen: Sie sind ein sicheres Signal dafür, daß der Körper vom Angebotenen zur Zeit überfordert ist.

Milchsäure (z. B. in Sauermilchprodukten wie Joghurt und in sauer eingelegtem Gemüse) unterstützt die Verdauung und die Bakterienflora im Darm auf milde Art. Apfelessig (1–2 TL in einem Glas Wasser) wirkt ähnlich.

Sodbrennen

Es entsteht durch Magensäure, die in den oberen Teil des Magens und in die Speiseröhre gelangt. Das beruht darauf, daß der Magen nach oben gedrückt wird und die Muskulatur des Magens und der Speiseröhre etwas erschlafft. Zuviel Magensäure ist nur in den seltensten Fällen an Sodbrennen schuld, denn während der Schwangerschaft sinkt die Säurebildung im Magen eher als, daß sie ansteigt.

- Akutes Sodbrennen können Sie beheben, indem Sie ein Glas Milch trinken.
- Liegen Sie nach den Mahlzeiten möglichst nicht flach, sondern mit erhöhtem Oberkörper.

- Einige Nüsse, etwas Quark oder getrocknetes Obst (Apfelringe, Rosinen, Datteln – ungeschwefelt) zwischen den Mahlzeiten helfen, das Sodbrennen zu verringern.
- Mit einem aus Leinsamenschrot gekochten Schleim (1 EL Schrot auf 200 ml Wasser) können Sie sich zusätzlich etwas Gutes tun. Gleichzeitig erhalten Sie damit günstige Fettsäuren.
- Kauen Sie immer gründlich. Trinken Sie nicht zu den Mahlzeiten, sondern reichlich dazwischen.

Neigung zu Verstopfung

Die Muskulatur, die für Darmbewegungen sorgt, wird unter dem Hormoneinfluß während der Schwangerschaft träger. Selbst bei Frauen, die sonst in dieser Hinsicht keine Probleme hatten, kann nun eine Neigung zur Verstopfung auftreten. Dem läßt sich aber leicht begegnen:

Die hier angegebenen Tricks helfen auch jenseits der Schwangerschaft!

- Trinken Sie reichlich. Falls Sie zu Ödemen neigen (siehe Seite 74 f.), sollten Sie sich allerdings mit Ihrem Frauenarzt oder der Hebamme absprechen.

- Essen Sie möglichst vollwertiges Getreide und Produkte daraus, viel Obst und Gemüse.

- Erziehen Sie Ihren Darm zur Regelmäßigkeit: Morgens nach dem Frühstück ist der Entleerungsreflex am stärksten (die Amerikaner nennen das, was morgens im Darm abläuft, »giant contractions« – gigantische Kontraktionen). Wenn Sie sich morgens ausreichend Zeit nehmen, müßte es klappen. Ein Glas Wasser auf nüchternen Magen, evtl. auch mit einem Schuß Apfelessig, unterstützt das Ganze.

Regelmäßige Verdauung trägt dazu bei, das größte Immunorgan des Körpers – den Darm – in Schuß zu halten.

- Als Abführmittel, wenn es einmal sein muß, eignet sich in der Schwangerschaft besonders **Leinsamen** (auch wegen der günstigen Fettsäuren). Ein gehäufter Teelöffel bis ein knapper Eßlöffel voll Leinsamen ins Müsli genügt. Bitte trinken Sie mindestens einen Viertelliter Flüssigkeit extra, wenn Sie Leinsamen nehmen. Aus geschrotetem Leinsamen werden die Fettsäuren besser aufgenommen, aber er quillt eher schon im Magen statt im Darm. Sie können ausprobieren, was bei Ihnen besser wirkt.

- Ein zweites mildes Abführmittel für die Schwangerschaft ist **Milchzucker** (Bezugsquelle: Reformhaus). Er wird, als Konzentrat genommen, im Darm nicht sehr schnell aufgenommen und bindet reichlich Wasser an sich. Außerdem unterstützt seine Anwesenheit das Wachstum günstiger Bakterien im Darm, wenn man die Dosierung nicht übertreibt. Ein- bis zweimal täglich ein knapper Eßlöffel Milchzucker ist ein mildes, empfehlenswertes Abführmittel.

- Regelmäßige Bewegung schaukelt nicht nur Ihr Baby sanft, sondern massiert auch den Darm. Gönnen Sie sich also täglich etwas Aktivität, am besten an der frischen Luft.

Stopfende und verdauungsfördernde Speisen

Stopfende Nahrungsmittel sind:

- Kakao und Produkte daraus (Schokolade, Glasuren, Kuchen)
- Bananen
- Heidelbeeren
- eine ballaststoffarme Ernährung mit viel Reis, Fleisch, Weißmehlprodukten, Milch und Käse
- gerbsäurehaltige Nahrungsmittel und Getränke, z.B. länger als 5 min gezogener Schwarztee
- reichlich genossene Kartoffeln

Verdauungsfördernd wirken Lebensmittel mit reichlichem Fruchtzuckergehalt, z.B.

- Pflaumensaft
- Birnensaft
- Feigen

Richten Sie keinen Schaden mit Abführmitteln an!

Bitte benutzen Sie Abführmittel nicht regelmäßig. Alle anderen, hier nicht aufgeführten Mittel sind in der Schwangerschaft tabu: Sie bringen den Haushalt der Mineralstoffe durcheinander, verschlechtern dadurch die Verstopfungsneigung noch und können schlimmstenfalls sogar Wehen auslösen (in der Tierheilkunde ist Rizinusöl Wehenauslöser, auch Sennesblätter haben diesen Effekt).

Lebensmittel, die stopfend wirken, sollten Sie bei Problemen möglichst meiden. Umgekehrt können Sie Dinge essen, die abführend wirken. Im Kasten auf Seite 73 finden Sie die entsprechenden Angaben.

Wassereinlagerungen (Ödeme)

Die Nieren müssen in der Schwangerschaft für zwei arbeiten. Die Neigung zur Wassereinlagerung ins Gewebe ist in der Schwangerschaft generell erhöht, die Durchblutung ist gesteigert, der Druck in den Venen erhöht sich, so daß sich Flüssigkeit im Gewebe rückstauen kann. All das kann dazu führen, daß übermäßig viel Wasser im Gewebe eingelagert wird. Man spricht dann von Ödemen.

8 g Salz, das ist ein knapper Teelöffel voll, bindet einen Liter Wasser!

Im Körper wird Wasser nicht frei gebunden, sondern immer in einem bestimmten Verhältnis mit Mineralstoffen. Der wichtigste wasserbindende Stoff ist das Natrium, Bestandteil des Kochsalzes. In Tabelle 3 sehen Sie, wieviel Salz welches Nahrungsmittel enthält. Der tägliche Natriumbedarf in der Schwangerschaft beträgt kaum mehr als ein halbes Gramm (620 mg). Das Angebot liegt bei unserer Ernährung etwa bei 15 Gramm täglich, das ist mehr als das 25fache des tatsächlichen Bedarfes!

Tab. 3: Natriumgehalt verschiedener Lebensmittel in mg pro 100 g Lebensmittel.

Pflanzliche Nahrungsmittel		Tierische Nahrungsmittel	
Oliven schwarz	3288	Salzhering	5930
Oliven grün	2100	Matjeshering	2500
Salzstangen	1800	Käse	600 bis 1450
Salzgurken	960	Schinken geräuchert	1400
Cornflakes	910	Salami (Cervelat)	1260
		Frühstücksfleisch (Dose)	1060
Pumpernickel	660	Kasseler	950
		Seelachs in Öl (Lachsersatz)	2900
Vollkornbrot	525	Ölsardinen	500
Weißbrot	bis 540	Seefische	bis 115
Gemüse	bis 65	Hühnerei	140
Kartoffeln	5	Fleisch	bis 95
Nüsse (ungesalzen)	1–5	Buttermilch	55
Obst	bis 3	Joghurt	50
		Molke	45
		Quark	35

(Angaben aus Die große GU-Nährwert-Tabelle, Gräfe und Unzer, München 1996)

Wenn 8 Gramm Salz einen Liter Wasser binden, können Sie auch ein Kilo abnehmen und einen Liter ausschwemmen, wenn Sie es schaffen, 8 Gramm Kochsalz auszuleiten. Bedienen Sie sich dazu des Natrium-Gegenspielers Kalium. Wenn Sie viel Kalium essen, wird Natrium ausgeschwemmt. Noch besser wirkt das, wenn Sie gleichzeitig nur wenig Natrium zuführen. Natriumarme und gleichzeitig kaliumreiche Lebensmittel sind Kartoffeln, Reis, Obst und Gemüse.

Ein Kartoffel-, Obst- oder Reistag sind wirksame Hilfen, um zuviel eingelagertes Wasser loszuwerden. Wichtig ist es, nicht zuzusalzen! Trinken Sie dazu natriumarmes Mineralwasser (weniger als 20 mg Natrium pro Liter), und Sie haben ein richtiges Erfolgserlebnis!

Obst-, Reis- und Kartoffeltag

Wenn Sie das Gefühl haben, daß sich Wasser in Ihrem Gewebe angesammelt hat, dann schalten Sie doch mal einen Entlastungstag ein.

Reistag

»Parboiled« Reis ist zwar geschält, enthält aber noch mehr Vitalstoffe als üblicher polierter Reis.

Kochen Sie etwa 150 g Reis ohne Salz (Reismenge abwiegen, die doppelte Menge Wasser zum Kochen bringen, Reis hineingeben und ausquellen lassen). Verwenden Sie parboiled Reis oder Naturreis. Letzterer hat eine etwa doppelt so lange Garzeit und braucht etwas mehr Wasser.

Morgens	Reis mit 100 g Erdbeeren oder Obst der Saison
Mittags	Reis mit 100 g Pfirsich oder Obst der Saison oder Reis als Risotto (mit etwas Fett angedämpft, bevor Sie ihn garen, ohne Salz) mit Kräutern und/oder Gemüse
oder	Gefülltes Gemüse mit Naturreis (Zucchini, Gurke)
Nachmittags	Reis mit 100 g Aprikose oder Obst der Saison
Abends	Reis mit 200 g Spargel oder als Milchreis mit etwas Obst (geriebener Apfel, Birne)

Obsttag

Wählen Sie Obst nach Ihrem Geschmack!

Etwas Warmes für zwischendurch: gebratene Bananenscheiben mit Mandelblättchen.

Morgens	1 Stück Obst bis 300 g
Tagsüber	1–1,5 kg Obst, am besten Obst der Saison, möglichst keine Dosenfrüchte! Tiefkühl-Obst ist besser als zu lange gelagerte Ware.
Abends	Gemüsebrühe/Kartoffelsuppe

Kartoffeltag

Morgens	Konsequente fangen schon morgens mit einer Pellkartoffel an. Sonst ein Stück Obst nach Geschmack.

Mittags	400 g Kartoffeln in der Schale (ohne Salz!) mit unterirdisch wachsendem Gemüse, z.B. Sellerie, Karotten, Fenchelknolle und Kräutern (z.B. Petersilie, Schnittlauch – eisenhaltig!)
Abends	200–300 g Pellkartoffeln mit 10 g Butter
oder	Kartoffelsuppe (aus 300 g Kartoffeln mit Petersilienwurzel)

Tips zum Salzsparen

- Verwenden Sie viele Kräuter. Sie sind in der Regel obendrein reich an Mineralstoffen und Vitaminen.
- Sehr salzhaltige Würzmittel sind Soja- und Worcestersauce, Senf, Hefeflocken, Fleischextrakt, fertige Gemüsebrühen. Gehen Sie bitte sehr sorgsam damit um!
- Kräutersalze enthalten zwar auch Natriumchlorid (achten Sie auf das Etikett), daneben aber Kräuter (Bezugsquelle: Reformhaus).
- Kaliumsalze sind ein geeigneter Salzersatz (Bezugsquelle: Reformhaus).
- Statt salziger Knabberwaren können Sie auf Rohkoststifte (Kohlrabi, Möhren, Sellerie, Blumenkohlröschen usw., beispielsweise mit italienischen Kräutern gewürzt) ausweichen.
- In Fertiggerichten versteckt sich oft viel Salz. Zeit sparen Sie auch mit Tiefkühlgemüse, das allerdings noch nicht zu Fertiggerichten verarbeitet ist. Übernehmen Sie das Würzen lieber selbst!
- Eiweiß geht mit Salz eine Verbindung ein, aus der Sie im kalten Zustand das Salz nicht herausschmecken. Kalte Wurst kommt Ihnen daher weit weniger salzhaltig vor als heiße. Sie können sich bei Salz also nicht unbedingt auf den Geschmack verlassen!

Bringt die Verwendung von Meersalz etwas? Nicht unbedingt. Es ist etwas vollwertiger, aber auf eine ausreichende Menge zusätzliches Jod können Sie sich nicht verlassen, und auch andere Mineralsalze sind nicht in allen Meersalz-Produkten enthalten.

»Ohne Salz schmeckt doch nichts!« Doch: Sie müssen sich nur mehr Muße gönnen und genießerisch abschmecken!

Extra-Salz kann auch einmal sinnvoll sein

Ein Kochsalzmangel ist fast nicht möglich, denn die Nahrungsmittel enthalten schon ohne zusätzliches Salzen Natrium und Chlorid. In einigen Fällen dürfen Sie jedoch zusalzen:

- Wenn Sie keine Ödeme haben und **an niedrigem Blutdruck** leiden. Essen Sie besonders Salzhaltiges (in Absprache mit Arzt oder Hebamme) wie Bouillon oder Hefeextrakt. Hier ist das Salz dazu erwünscht, im Blutkreislauf Wasser zurückzuhalten, um das Blutvolumen aufzustocken. Der Blutdruck steigt dann, und Sie haben weniger Probleme wie Schwindel oder Übelkeit.

- Wenn Sie übermäßig erbrechen, denn dadurch geht v.a. Chlorid, der Partner des Natriums im Kochsalz, verloren.

Eine Beschränkung der Kochsalzaufnahme ist bei Ödemen also am wichtigsten. Zusätzlich können Sie die Ausschwemmung aus den Beinen durch folgende Maßnahmen fördern:

Kühle Beinwickel mit Wasser oder Quark. Befeuchten Sie Geschirrtücher mit kaltem Wasser, oder streichen Sie Quark messerrückendick darauf. Wickeln Sie diese Tücher eng um die Unterschenkel. Darüber kommt ein Frotteetuch. Befestigen Sie alles z.B. mit Strick-Stulpen. Nach etwa 10 Minuten sollten Sie die Wickel wieder abnehmen, bevor sie sich zu erwärmen beginnen. Der Quark hält die Kühle länger und pflegt außerdem die Haut. Auch bei Krampfadern haben sich diese Wickel bewährt.

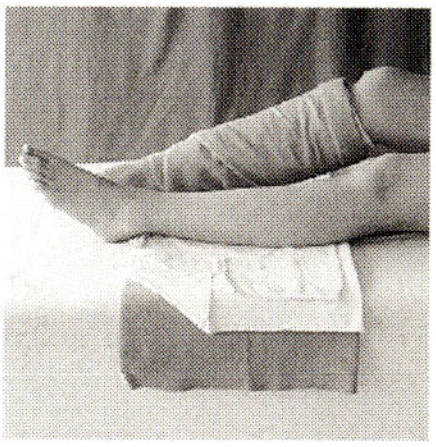

Ausschwemmender Kräutertee mit Brennessel- und Zinnkraut (Ackerschachtelhalm). Fragen Sie aber Ihren Arzt, ob Sie vermehrt trinken dürfen. Wenn ja, bereiten Sie den Tee wie folgt: Die pflanzlichen Drogen werden zu gleichen Teilen gemischt. Einen Teelöffel dieser Mischung mit 500 ml kochenden Wassers übergießen, 10 Minuten ziehen lassen, abseihen.

Gefürchtete Komplikation: die Gestose

Vorsicht bei Neigung zu Wassereinlagerungen und hohem Blutdruck! Es droht die Gefahr einer Gestose, einer sogenannten »Schwangerschaftvergiftung«, wie sie im Volksmund genannt wird. Im ausgeprägten Krankheitsbild wird außerdem Eiweiß über die Niere ausgeschieden, und manchmal treten Krampfanfälle auf. Ein Bluthochdruck in der Schwangerschaft birgt die Gefahr, daß das Ungeborene unterversorgt wird, denn die Engstellung der Blutgefäße, die zum hohen Blutdruck führt, betrifft auch die Arterien in der Plazenta. Der Begriff der Gestose wird heute jedoch von vielen Ärzten abgelehnt.

Ödeme treten nicht selten auch bei gesunden Schwangeren auf. Hier bewährt es sich, den Kochsalzverzehr einzuschränken. Kochsalz bzw. Natrium allein (da ist man sich noch nicht einig) erhöht auch direkt die Spannung der Blutgefäßmuskulatur und damit den Blutdruck. Hier rät Ihnen der Arzt deshalb auch zu Salzverzicht.

Wie weit Sie Ihre Flüssigkeitsaufnahme bei Ödemen, Hochdruck und/oder Krampfneigung einschränken müssen, sollten Sie bitte mit Ihrem Arzt besprechen, der die Antwort auf diese Frage ganz von Ihrem individuellen Zustand abhängig macht.

Wadenkrämpfe

Die Hauptursache der schmerzhaften Wadenkrämpfe ist ein Magnesiummangel. Bevor Sie nun Listen wälzen, welche Nahrungsmittel oder Heilwässer besonders magnesiumreich sind: Lassen Sie sich ein Magnesiumpräparat verordnen. Der Bedarf liegt in der Schwangerschaft so hoch und der Mangel ist bei Wadenkrämpfen schon so ausgeprägt, daß Sie sich Gutes tun, wenn Sie das Defizit schnell beheben. Das zusätzliche Magnesium bekommt auch Ihren Nerven gut und sorgt für eine ausreichend entspannte Gebärmutter (Magnesium wird bei vorzeitigen Wehen als wirksames Medikament eingesetzt).

Erste Hilfe bei Wadenkrampf: Ziehen Sie den Fuß des betroffenen Beines fest nach oben, in Richtung Schienbein, so daß sich der Wadenmuskel dehnt. So läßt der Krampf schnell nach.

Natürlich ist es sehr sinnvoll, trotzdem auch magnesiumreiche Nahrungsmittel zu essen, z.B.

- Sonnenblumenkerne
- Mandeln
- Naturreis
- Gemüse: Spinat, Sauerampfer, Portulak, Kohlrabi
- Früchte: Avocado (Achtung: fettreich!), Papaya, Sanddorn
- Weizenvollkornmehl
- Haferflocken
- Banane (die stopft aber!)

Darüber hinaus schadet es nichts und hebt die Laune, wenn Sie Ihren Waden eine kleine Aroma-Massage gönnen, z.B. mit Lavendelextrakt-Massageöl.

Krampfadern

Das Blutvolumen ist vergrößert, der Abfluß des venösen Blutes aus den Beinen durch die sich vergrößernde Gebärmutter behindert, die Spannung der Venenwände verringert: All das führt zur vermehrten Krampfaderbildung. Wenn Blut in den erweiterten Venen versackt, kann das zu Kreislaufproblemen führen. Diese sollten Sie dann nicht mit einer erhöhten Salzaufnahme behandeln, sondern unbedingt mit maßgeschneiderten Kompressionsstrümpfen. Denken Sie an Ihre Schönheit als strahlende Mutti und beugen Sie bleibenden Krampfadern vor, auch wenn das Tragen von Gummistrümpfen nach einer Weile lästig wird.

Gummistrümpfe im Sommer? Wenn's juckt, brausen Sie Beine samt Strümpfen kalt ab. Das hilft!

Was Sie mit Ernährung bei Krampfadern bewirken können? Zum einen ist da die Sache, daß auch die Venen am Darmausgang den Veränderungen während der Schwangerschaft unterliegen. Sie können sich zu Hämorrhoiden erweitern, wenn noch ein erhöhter Preßdruck durch Verstopfung dazukommt. Eine Verstopfung sollten Sie also auch im Sinne einer Venenpflege unbedingt vermeiden.

Die geregelte Verdauung entlastet aber auch die Venen in den Beinen, denn wenn sich im Platzgedränge im kleinen

Becken nicht auch noch ein überlasteter Darm breitmachen muß, fließt das Blut in den großen Venen des Bauchraumes wesentlich besser in Richtung Herz ab. Beachten Sie daher bitte die Ratschläge im Abschnitt »Verstopfung«.

Vermeiden Sie bei Krampfadern langes Stehen, einengende Kleidung und hohe Absätze. Bewegung ist wichtig!

Auch richtiges Atmen erleichtert den venösen Abfluß. Das Wechselspiel aus Ein- und Ausatmung saugt venöses Blut ins Herz. Schon deswegen sollten Sie früh bequeme Kleidung besorgen! Atemgymnastik erlernen Sie in den Geburtsvorbereitungskursen.

Ob Sie die bei Venenproblemen bewährten pflanzlichen Heilmittel aus Roßkastaniensamen einreiben oder einnehmen können, sollten Sie mit Ihrem Arzt absprechen. Das Tragen von maßangefertigten Kompressionsstrümpfen ist auf jeden Fall die erste Maßnahme!

Migräne und Kopfschmerzen

Besonders Frauen, deren Migräne hormonabhängig ist und regelmäßig während der Monatsblutung auftrat, können in der Schwangerschaft unter heftigen Migräneanfällen leiden. Aber auch Spannungskopfschmerzen sind nicht selten, unter anderem wegen der möglicherweise zusätzlichen seelischen Belastung während der Schwangerschaft.

Einige Nahrungsmittel können Migräneanfälle auslösen (siehe Kasten). Versuchen Sie, diese Auslöser durch sorgfältiges Führen eines Tagebuches herauszufinden und künftig zu meiden.

Mögliche Migräneauslöser in Nahrungsmitteln

- Alkohol, vor allem Rotwein (wegen zusätzlich enthaltener Stoffe)
- Käse, besonders lange gereifter Käse/Hartkäse wie Parmesan

- tropische Früchte, z.B. Bananen (je reifer, desto ausgeprägter)
- überlagertes Fleisch, vor allem Schweinefleisch
- Coffein, z.B. in Kaffee, grünem und schwarzem Tee, Aufputsch-Szenegetränken wie Red Bull, Flying Horse; coffeinhaltige Schokolade, Colagetränke
- plötzlicher Verzicht auf Coffein (siehe Seite 56)
- Nikotin (auch »Passivrauchen«)
- Gewürzmischungen, Geschmacksverstärker Glutamat
- Zusatzstoffe (meist in Fertiggerichten, Snacks: Farb-, Aroma-, Konservierungsstoffe)
- Süßstoff Aspartam

Auch frei erhältliche Schmerzmittel sollten Sie in der Schwangerschaft niemals ohne ärztlichen Rat einnehmen!

Fettsäuren spielen bei Entzündungs- und Schmerzvorgängen, wie sie auch bei der Migräne ablaufen, eine große Rolle. Besserungen wurden beobachtet, wenn die Nahrung einen höheren Anteil mehrfach ungesättigter Fettsäuren (vor allem des Omega-3- bzw. Alpha-Linolensäuretyps) enthielt, die Sie durch einen höheren Verzehr an Leinöl oder Hochseefisch erhalten (siehe Seite 37f.). Auch Magnesium hat sich in der vorbeugenden Migränebehandlung bewährt. Es kann kaum überdosiert werden und führt dann allenfalls zu Müdigkeit, Entspannung und weichem Stuhlgang (das ist ja nicht unbedingt unerwünscht).

Blutarmut und Eisenmangel

Der Eisenspiegel im Blut sinkt in der Schwangerschaft immer (siehe Seite 17). Da die Zusammenhänge zwischen Eisenmangel und Mangelerscheinungen beim Kind gut bekannt sind, schlägt man hier den sicheren Weg ein und gibt Eisen vorsichtshalber als Präparat, sobald der Blutspiegel unter einen kritischen Wert sinkt. Durch eine geeignete Ernährung können Sie jedoch auch auf natürlichem Weg Ihre Eisenversorgung verbessern. Bitte lesen Sie auf Seite 18 nach.

Jedes Kind kostet einen Zahn?

Gute Zahnpflege ist in der Schwangerschaft besonders wichtig, deshalb auch in sämtlichen Schriften für werdende Mütter der Rat, mindestens einmal in der Schwangerschaft zum Zahnarzt zu gehen.

Amalgamfüllungen werden während der Schwangerschaft wegen des im Amalgam enthaltenen Quecksilbers nicht mehr gelegt. Auch das Ausbohren einer alten Amalgamfüllung sollte möglichst auf später verlegt werden.

Das Milieu im Mundraum ändert sich in Richtung eines erhöhten Säurespiegels. Da Säure den Zahnschmelz angreift und das Baby möglicherweise von innen her auch noch Kalzium »abzieht«, sind die Zähne tatsächlich gefährdet. Was Sie neben einer sorgfältigen Zahnpflege tun können:

- Essen Sie milde Rohkost und knackiges Obst wie Möhren und Äpfel. Das festigt das Zahnfleisch und regt den Speichelfluß an, der die Zähne reinigt (die Fruchtsäure wird gleichzeitig auch verdünnt).
- Wenn Sie beim Zähneputzen einen Brechreiz bekommen (bei Schwangerschaftserbrechen), sollten Sie auf die Zahnpflege nicht verzichten, sondern Zahnputz-Kaugummi verwenden (normaler zuckerfreier Kaugummi tut es auch).
- Trinken Sie viel, besonders heiße Getränke. Auch sie regen Speichelfluß und Mundreinigung an.
- Durch vollwertige Ernährung sorgen Sie für ein gesundes Milieu im gesamten Verdauungstrakt, zu dem die Mundhöhle ebenfalls gehört. Zahnfleischentzündungen und Plaque sind unter vollwertiger Ernährung seltener.

Allergien in der Schwangerschaft

Nahrungsmittelallergien und Leiden, die damit in Zusammenhang stehen, z.B. die Neurodermitis, sind in zweierlei Hinsicht von Bedeutung:

Sie können sich durch die Hormonumstellung verschlechtern, besonders die Neurodermitis (es gibt allerdings auch Fälle in die umgekehrte Richtung: Sie bessern sich). Sie können zu einer einseitigen Ernährung führen, wenn Sie auf vieles allergisch reagieren und deshalb auch auf vieles verzichten müssen, z.B. auf die wichtigen Milchprodukte.

Eine Nahrungsmittelallergie oder -unverträglichkeit bessert sich oft nachhaltig, wenn es gelingt, im Darm die natürliche Bakterienflora herzustellen und die Darmfunktion zu normalisieren. Tips hierzu finden Sie im Kasten.

Ernährung für einen gesunden Darm

Eine sogenannte probiotische Ernährung unterstützt die wichtige Keimflora im Darm, die krankheitsauslösenden Bakterien den Nährboden entzieht und das Abwehrsystem des Darms aktiviert. Entzündungsvorgänge werden reduziert, die Darmschleimhaut ist weniger durchlässig gegenüber Allergenen.

- Ballaststoffe ernähren die natürliche Darmflora. Nehmen Sie Ballaststoffe aber möglichst nicht als »Reinpräparat«, z.B. als Weizenkleie, sondern in Form einer obst- und gemüsereichen Ernährung zu sich. Neben der Lebensmittelauswahl ist es auch wichtig, daß die Rahmenbedingungen der Ernährung den Aufgaben des Verdauungskanals entgegenkommen.
- Die Essensportionen müssen dem Leistungsvermögen der Verdauungsdrüsen angepaßt sein. Anderenfalls fallen unangemessen große Essensrationen der Gärung und Fäulnis anheim. Hierbei überwuchern die falschen

Keime den Nahrungsbrei, ihre Stoffwechselprodukte (z.B. Gärungssäuren) schädigen die Darmschleimhaut zusätzlich.

- Mangelnde Ruhe beim Essen verhindert, daß die Verdauungsvorgänge ungestört ablaufen können.
- Kauen Sie gründlich, um die Verdauung schon im Mund einzuleiten.
- Der Darm muß zur Arbeit »aufgelegt« sein. Morgens und mittags funktioniert er besser als abends. Schwer Verdauliches sollten Sie daher abends nicht mehr essen.
- Joghurt mit lebenden Kulturen und milchsäurevergorenes Gemüse unterstützen die Ansiedlung der richtigen Keimflora im Darm.

»Nach dem Essen sollst du ruh'n oder 1000 Schritte tun« – das ist immer noch gültig!

Wenn Neurodermitis in der Schwangerschaft besonders aufblüht, sollten Sie auch auf Verstärker durch die Nahrung achten.

Tab. 4: Für Neurodermitiker häufig problematische Nahrungsmittel

Lebensmittelgruppen	spezielle Lebensmittel
Gemüse	Paprika, Pepperoni, Rettich, Sauerkraut, Schnittlauch, Sellerie, Tomaten
Obst	v.a. säurereiche Sorten, Zitrusfrüchte, Beeren, saures Steinobst, Rhabarber, Kiwis, Fruchtsäfte
Brotaufstrich	Marmelade aus säurereichen Sorten
Fette und Öle	Nußöl, tierisches Fett, Ölfrüchte (Nüsse)
Milchprodukte	Häufig! Gesäuerte Produkte werden meist besser vertragen als Milch und Käse
Fleisch	Innereien, Schweinefleisch
Zusatzstoffe	synthetische Farb-, Konservierungs-, Aromastoffe

Trotz Verzichts auf bestimmte Nahrungsmittel sollte Ihr Speisezettel ausgewogen bleiben.

Essen, wenn »es« losgeht

In den Geburtsvorbereitungskursen legen die Hebammen den werdenden Müttern ans Herz, nicht noch einmal auf Vorrat zu essen, wenn es wirklich ernst wird. Zwar braucht die Geburt Energie. Aber die sollen Sie dem Körper nicht noch durch Verdauungsarbeit wegnehmen. Wenn Sie ins Krankenhaus aufbrechen und Hunger verspüren, sollten Sie allenfalls etwas Leichtes essen: ein Brot, dünn mit Butter und Marmelade bestrichen, einige Zwiebäcke usw. Fettes bleibt sehr lange im Magen. Bitte also keinen Rollmops und keine Speckschwarte – nur aus Angst, Sie würden sonst verhungern! Am besten wäre es, das Essen bis nach dem großen Ereignis aufzuschieben. Und wenn Sie keinen Hunger verspüren, dann gehen Sie ruhig mit leerem Magen in den Kreißsaal.

Packen Sie sich vorsorglich einen kleinen Snack (z. B. Müsliriegel) in Ihre Kliniktasche. Selbst wenn Sie keine Verwendung dafür haben, ist vielleicht derjenige darüber dankbar, der Sie begleitet.

Trinken Sie nach der Entbindung reichlich. Fragen Sie ruhig danach, wenn Sie nur das übliche kleine Kännchen bekommen, denn viel trinken erleichtert Ihnen das erste Abführen »danach«, das zuweilen etwas mühsam ist.

Alternative Ernährung in der Schwangerschaft

Sind Sie Vegetarierin, ernähren Sie sich makrobiotisch, trennen Sie die Nährstoffe, oder essen Sie nach den Prinzipien des Ayurveda? Und fragen Sie sich, ob Sie damit in der Schwangerschaft etwas falsch machen können? Im folgenden Abschnitt sollen Pro und Kontra verschiedener alternativer Ernährungsformen dargestellt werden.

»Alternative« Ernährung ist nicht unbedingt das gleiche wie »natürliche« Ernährung!

Spätestens, als Sie den Abschnitt »Zusatzstoffe« gelesen haben, werden Sie sich gefragt haben, ob man sich in der Schwangerschaft nicht generell »alternativ« ernähren sollte. Etliche Frauen sind bereits vor der Schwangerschaft Vegetarierinnen gewesen, hängen der Makrobiotik an, praktizieren die Trennkost nach Hay, das Prinzip »Fit for Life« oder die Ernährungsempfehlungen im Zusammenhang mit den »Fünf Tibetern«. Weitere alternative Ernährungsformen sind z.B. die Evers-Diät, die Schnizer-Kost, die Ernährung nach Bruker, die Rotations-(Wechsel)-Diät bei Allergien, die Instinkto-Therapie, das »Leben ohne Brot« nach Lutz. Immer größerer Beliebtheit erfreut sich die Ernährung nach fernöstlichen Prinzipien wie die Yin-Yang-Methode oder die nach Pitta, Vata und Kapha differenzierende Kost des Ayurveda. Natürliche oder »alternative« Ernährung kann sich aber auch auf die Wahl der Getränke beziehen, z.B. auf den Genuß von Kräutertees oder anderer Getränke (Kombucha, Brottrunk usw.).

Vegetarische Ernährung

Die niedrigere Krankheitshäufigkeit von Vegetariern beruht auch auf ihrer sonst gesünderen Lebensweise.

Vegetarier verzichten aus weltanschaulichen Gründen auf Fleisch. Gesundheitliche Gründe sprechen nicht gegen den Verzehr tierischer Lebensmittel, sondern ganz im Gegenteil: Die Charakteristika der menschlichen Zähne, der Zunge, des Aufbaus der einzelnen Magen- und Darmabschnitte belegen, daß sich der Mensch als Gemischtesser entwickelt hat. Allerdings ist der Luxusartikel Fleisch in der üblichen Ernährung heute übermäßig vertreten. Frauen essen aber meist ohnehin weniger Fleisch als Männer.

Die Nachrichten über Tierquälerei in Hühner- und Putenfarmen, der BSE-Skandal, die Schweinepest und ähnliches verderben allerdings gründlich den Appetit. Da ist es naheliegend, mit alledem nichts mehr zu tun haben zu wollen.

Einige Vegetarier verzichten lediglich auf Fleisch und Fisch, die strengeren Veganer jedoch auch auf Eier und Milchprodukte. Noch striktere Veganer gehen sogar so weit, daß sie auch keinen Bienenhonig essen und keine Lederschuhe tragen.

Bei einer ovo-lakto-vegetabilen Ernährung, also einer Kost, die auf Fisch und Fleisch verzichtet, aber auf Eier, Milch und Milchprodukte zurückgreift, bestehen in der Schwangerschaft keine Bedenken, wenn sie gut ausgewogen ist und wohlüberlegt kombiniert wird (siehe Seite 41). Bedacht werden muß die geringere »Auswahl« an wichtigen Eiweißbausteinen und die schlechtere Verwertbarkeit einiger Mineralstoffe in pflanzlicher Nahrung. Wenn Sie hier mit Sorgfalt vorgehen, leiden Sie und Ihr Baby keinen Mangel. Wichtig ist jedoch eine Kost mit hoher Nährstoffdichte. Beim sogenannten »Pudding-Vegetarismus« wird zwar auf Fleisch verzichtet, aber die Kost ist unausgewogen und nährstoffarm. Das darf in der Schwangerschaft nicht sein!

Eine Umstellung von normaler Mischkost auf vegetarische Kost sollten Sie nicht speziell in der Schwangerschaft vornehmen, denn in dieser Zeit des erhöhten Vitalstoffbedarfs sollten Sie keine Experimente machen; die vegetarische ausgewogene Ernährung braucht doch einige Übung.

Tips für die Schwangerschaft

- Achten Sie besonders auf Obst, Gemüse und Getreide aus kontrolliertem oder zumindest integriertem Anbau (bei kontrolliertem Anbau werden keine künstlichen Pestizide und Anbauhilfen eingesetzt; bei integriertem Anbau wird ihre Anwendung auf ein Minimum reduziert).
- Weichen Sie Vollkorngetreide immer mehrere Stunden vor dem Verzehr (im Kühlschrank) ein, um die Phytinsäure zu reduzieren.
- Essen Sie Rohkost bitte nur gründlich gewaschen. Besonders viel Rohkost muß nicht sein, sie kann zu Gärung führen (besonders unangenehm, weil schon das Baby Platz braucht) und kann eine vorzeitige Sättigung herbeiführen, so daß Sie nicht genug zunehmen.

- Bitte keine Rohmilch und Produkte daraus in der Schwangerschaft wegen der Gefahr der Keimbesiedelung (Listeriose, Toxoplasmose; siehe Seite 47).
- Keimlinge enthalten viele Nährstoffe. Sie sind besonders in der dunklen Jahreszeit günstig, wenn wenig saisonales Gemüse zur Verfügung steht.

Je vollwertiger ein Lebensmittel, desto schlechter verdaulich ist es oft. Vermeiden Sie deshalb »Konzentrate« wie große Mengen von Weizenkeimen. Sie brauchen nicht nur Vitalstoffbomben, sondern auch Substanz, die sättigt, ohne zu belasten!

Praxistips

So ziehen Sie Keimlinge

Kresse, Alfalfa, Senf, Radieschen, Getreide- und Hülsenfruchtarten sowie Haselnüsse können Sie keimen lassen und für Brotaufstrich und Salate verwenden. Vor dem Verzehr sollten Sie sie mit kochendem Wasser kurz übergießen oder bis 5 Minuten garen, um schädliche Inhaltsstoffe zu zerstören. Schimmelpilzgifte sind in der Schwangerschaft ganz besonders unerwünscht. Bitte spülen Sie die Keimlinge daher regelmäßig mit frischem Wasser ab!

So wird's gemacht:

- 2–3 Eßlöffel Samen in ein Einmachglas füllen und mit der dreifachen Menge Wasser übergießen
- 4–16 Stunden (je nach Sorte) quellen lassen, Einweichwasser abgießen, die feuchten Samen an einen warmen und hellen Platz stellen
- zweimal täglich müssen die Samen kalt abgespült werden, anschließend abtropfen lassen
- haben die Keimlinge die gewünschte Größe erreicht, werden sie sofort verbraucht oder noch 1–2 Tage im Kühlschrank aufbewahrt. In diesem Fall bitte weiter regelmäßig abspülen!

Wird der Nährstoffbedarf ausreichend gedeckt?

Der Eiweißbedarf ist auch bei (ovo-)lakto-Vegetarierinnen ausreichend gedeckt. Veganerinnen müssen jedoch sehr gut aufpassen und gekonnt kombinieren. Steht zu wenig Eiweiß zur Verfügung, treten gehäuft Komplikationen auf, und auch spätere Intelligenzmängel beim Kind werden in Betracht gezogen.

Der Bedarf an Fetten wird ebenfalls gut gedeckt, meist sogar noch mit günstigeren Fettsäuren als bei gemischter Kost mit tierischen gesättigten Fetten.

Die vegetarische Ernährung hat etliche positive Aspekte.

Die Kohlenhydratzufuhr ist ebenfalls gut gesichert, da pflanzliche Kost in der Regel mehr Kohlenhydrate enthält als tierische. Bei reiner Rohkosternährung ist die Kohlenhydrataufnahme aber oft zu gering.

Beim Vitaminbedarf ist das Vitamin B_{12} als recht kritisch einzustufen. Bitte sprechen Sie mit Ihrem Arzt über Ihre Ernährungsform. Der Bedarf an Vitamin D kann zwar bei Verzicht auf Milchprodukte erniedrigt sein, läßt sich jedoch durch ausreichend Sonnenlicht ausgleichen.

Die übrigen Vitamine sind teilweise sogar besser abgedeckt als bei Nicht-Vegetarierinnen. Allerdings: Selbst bei vergleichsweise höherer Aufnahme an Folsäure ist meist immer noch nicht der Bedarf gedeckt. Nehmen Sie also auf jeden Fall ein Folsäure-Präparat ein, wenn Sie es verordnet bekommen.

Anders als bei den Vitaminen sieht es mit den Mineralstoffen aus: Hier kann sich schnell ein Mangel einstellen.

Vorsicht vor Mineralstoffmängeln!

Kalzium holt sich das werdende Leben zwar aus der Mutter. Wenn der Nachschub zu gering wird, ist so die Versorgung des Feten mit dem wichtigen Mineral zwar sichergestellt, aber bei der Mutter geht Kalzium aus dem Skelett verloren. Ein Mangel ist deshalb für sie ungünstig. Wenn Vegetarierinnen auf Milch und Milchprodukte verzichten, ist die Zufuhr möglicherweise zu gering, zumal verschiedene Pflanzenstoffe die Aufnahme von Kalzium aus dem Blut noch behindern. Ganz besonders bei zu hohem Blutdruck und der Neigung zu Schwangerschaftsödemen sollte dann Kalzium zusätzlich eingenommen werden, natürlich in Absprache mit dem Arzt.

Magnesium ist in Vollkornprodukten, Nüssen, Hülsenfrüchten, Gemüse reichlich enthalten, so daß hier ein Mangel nicht zu befürchten ist. Auch Kalium wird besonders reichlich mit pflanzlicher Kost zugeführt.

Der niedrigere Eisenspiegel während der Schwangerschaft übt einen gewissen Schutz vor Infektionskrankheiten aus; deshalb ist es nicht ratsam, den Eisenspiegel bei Schwangeren auf denjenigen bei Nichtschwangeren anzuheben!

Eisen gehört bei Vegetarierinnen zu den Sorgenkindern. Zwar kann sich der Körper durch eine bessere Ausnutzung der Nährstoffe an einen Mangel angleichen. Die pflanzlichen Eisenquellen können jedoch vom Körper weniger gut erschlossen werden. Verbessern Sie sie durch gleichzeitige Einnahme Vitamin-C-haltiger Nahrungsmittel (siehe Seite 22 f.), und nehmen Sie ein Eisenpräparat, sobald es der Arzt für geraten hält.

Jod ist bei fast allen Schwangeren Mangelware, nicht nur bei Vegetarierinnen. Wer jedoch völlig auf den Genuß von Seefisch verzichtet, tritt mit noch niedrigeren Jodspiegeln in die Schwangerschaft ein. Zögern Sie also bitte nicht, ein Jodpräparat einzunehmen!

Im Tierexperiment schädigt Zinkmangel das werdende Leben. Mißbildungen können die Folge sein.

Die wichtigsten **Zink**quellen sind Innereien, Muskelfleisch und Milch/Milchprodukte. Ein Mangel ist bei Vegetarierinnen und besonders Veganerinnen demnach zu befürchten. Wie auch beim Eisen ist die Aufnahme von Zink aus pflanzlichen Nahrungsmitteln erschwert. Bitte sprechen Sie mit Ihrem Arzt über Ihre besondere Ernährungsform. Er kann dann gezielt die Untersuchung des Zinkspiegels veranlassen und gegebenenfalls auch ein Zinkpräparat verordnen. Bei Gabe von Eisen- und Zinkpräparaten ist jedoch zu beachten, daß sie ihre Aufnahme gegenseitig hemmen können.

Trennkost – in der Schwangerschaft sinnvoll?

Einige besondere Ernährungsformen beruhen auf dem Prinzip der Trennung von eiweiß- und kohlenhydratreichen Nahrungsmitteln. Darunter fallen die Trennkost nach Hay, die später zum Prinzip »Fit for life« modernisiert wurde, und die Kost, die im Zusammenhang mit den »Fünf Tibetern« empfohlen wird.

Alle diese Ernährungsformen fußen auf der Behauptung, Eiweiße und Kohlenhydrate könnten nicht gemeinsam verdaut werden, und das Wohlbefinden steige, wenn man Eiweißreiches und Kohlenhydratreiches getrennt, also zu unterschiedlichen Mahlzeiten einnimmt. Zum einen ist diese Trennkost »unhandlich«, weil sie unseren Ernährungsgewohnheiten widerspricht. Bei allen Ernährungsformen, bei denen Sie sich besonderen Einschränkungen unterwerfen müssen, besteht die Gefahr der Unterversorgung mit bestimmten Nährstoffen, weil die Diätpläne recht starr sind.

Starre Diätvorschriften, die im Alltag schwierig zu realisieren sind, haben in der Schwangerschaft generell keinen Platz.

Daß Eiweiße und Kohlenhydrate nicht gemeinsam verdaut werden können, widerspricht der Erfahrung. In der Natur kommen keine Eiweiß- und keine Kohlenhydrat-«Konzentrate« vor. Eiweiße und Stärke sind in der Regel gemeinsam in den Ausgangsprodukten enthalten, warum sollten sie nicht gleichzeitig verdaut werden können? Macht Ihr Wellensittich auch Trennkost? Sogar die fleischfressende Katze frißt die zuckerreichen Innereien der Maus mit, ohne Schaden zu nehmen. Mehr noch: Damit aus Eiweiß Baumaterial gewonnen werden kann, müssen Kohlenhydrate anwesend sein. Ist kein Brennstoff zur Verfügung, so wird Eiweiß als Brennstoff statt als Baustoff benutzt. Das Trennen ist unter diesem Gesichtspunkt nicht nur unsinnig, sondern sogar schädlich. Bei der Trennkost besteht zudem die Gefahr, daß mit den eiweißbetonten Mahlzeiten zuviel Eiweiß aufgenommen wird.

Für die Schwangerschaft sollte also der Schluß gezogen werden: Keine Trennkost. Wenn Sie sich dennoch nicht davon verabschieden wollen, beachten Sie bitte, daß Sie trotz Trennkost alle Lebensmittel in den Mengen essen, die in der Ernährungspyramide (siehe Seite 54) vorgeschlagen werden.

Rohkost

»Heilerfolge« bei Umstellung auf Rohkost sind möglich. Schwangerschaft ist aber keine Krankheit, und Nährstoffmängel müssen hier unbedingt vermieden werden.

Vor allem chronisch kranke Menschen kommen auf die Idee, eine besonders extreme Kost auszuprobieren. Mit reiner Rohkost, der Bruker-Diät, Bircher-Benner-Diät oder der Instinkt-Therapie (bei der die Rohkost auch rohes Fleisch umfaßt) lassen sich anfangs tatsächlich erstaunliche Erfolge erzielen, z.B. bei Krankheiten des rheumatischen Formenkreises oder bei Hautleiden wie der Neurodermitis.

Für reine Rohkost ist unser Verdauungstrakt allerdings schon lange nicht mehr geschaffen. Das fängt schon bei den Zähnen an, die über die Jahrtausende recht zierlich wurden. Als Menschen haben wir weder die sieben Pansen der Kuh, noch essen wir einmal Verdautes ein zweites Mal, um es besser auszunutzen. Für die Schwangerschaft mit ihren hohen qualitativen Anforderungen an die Nährstoffzufuhr rate ich von einer reinen Rohkost-Ernährung ab. Sie sättigt zwar sehr gut, aber aus dem rohen Material werden die Inhaltsstoffe teilweise noch schlechter ins Blut aufgenommen, als es bei pflanzlicher Kost ohnehin der Fall ist.

Fernöstliches

Die chinesische Medizin verwirklicht das Prinzip der Ganzheitlichkeit.

Die Akupunktur machte es möglich, daß sich der Westen auch dem weiteren Gedankengut der traditionellen chinesischen Gesundheitslehre bzw. Medizin öffnet. Immer mehr Hebammen und Geburtshelfer bieten eine geburtsvorbereitende Akupunktur an, deren Erfolg einer wissenschaftlichen Überprüfung standhielt. So wuchs auch das Interesse an der Diätetik der traditionellen chinesischen Medizin.

Nach chinesischer Auffassung sind in allem Lebenden die beiden Prinzipien Yin und Yang vereint. Diese beiden Gegenspieler zusammen bilden das Ganze, die sogenannte Monade. Yin steht beispielsweise für weiblich, Nacht, Kälte, Dunkelheit und Wasser, Yang für männlich, Tag, Hitze, Licht, Feuer. Das Wechselspiel zwischen Yin und Yang macht das Leben aus; alles trägt einen Yin- und einen Yang-Anteil in sich, und dabei überwiegt jeweils ein Aspekt. Die chinesische Diätetik versucht, Yin und Yang durch bestimmte yin- oder yangbetonte Nahrungsmittel auszugleichen, wenn Störungen auftreten oder die »Lebensenergie« (im Chinesischen Qi) nicht frei fließen kann.

Die beiden gegensätzlichen Prinzipien Yin und Yang bilden eine Einheit, die Monade. Sie gehören zusammen wie LIcht und Schatten.

Yin und Yang in der Nahrung

Chinesen teilen Nahrungsmittel in »wärmende« und »kühlende« Speisen ein. »Wärmend« steht für yangbetont. Solche Lebensmittel sind ideal bei zu schwachem Yin; »kühlende« Speisen sind yinbetont. Je nach ihrer Yin- oder Yang-Betonung teilen die Chinesen die Nahrungsmittel in fünf Stufen ein:

- Heiß (stark yangbetont) sind scharfe Gewürze (scharf auf englisch: »hot«).
- Warm (yangbetont) sind Geflügel, Lauch, Knoblauch und Zwiebeln, Fenchel, Ingwer, Kümmel, Anis, Traubensaft.
- Neutral (Yin und Yang ausgeglichen) sind Eier, Käse, Butter, gegartes Vollkorn, Nüsse, Bohnen, Möhren, Rindfleisch, Sesam).
- Kühlend (yinbetont) sind die meisten Obstsorten, rohes Gemüse, Salat.
- Stark kühlend sind Südfrüchte, Mineralwasser, Tees, z.B. grüner Tee

Schauen Sie die Listen an: Worauf haben Sie eher im Sommer Appetit, worauf im Winter? Ein Hinweis, daß das mit »wärmend« und »kühlend« wohl stimmt!

Sind Sie ein Yin- oder Yang-Typ?

Für eine Frau vom Yin-Typ ist charakteristisch, daß sie leicht friert und fröstelt, daß sie ein Morgenmuffel ist und dann zu niedrigem Blutdruck neigt; sie ist blaß, hat eher weniger Appetit, aber manchmal Heißhunger auf Süßes und das Bedürfnis nach heißen Getränken. Yin-Typen sind eher introvertiert, wortkarg und bedächtig.

Für den Yin-Typ empfiehlt die chinesische Medizin, yangbetonte oder neutrale Lebensmittel zu genießen, mindestens zwei warme (nun physikalisch warm gemeint) Mahlzeiten am Tag einzunehmen und sich Rohkost höchstens in kleinen Portionen zu genehmigen. Gegen den großen Hunger helfen eine heiße Suppe oder ein Ingwer-Tee. Eine rein vegetarische Ernährung empfehlen die Chinesen für den Yin-Typen nicht. Fleisch (in den dort üblichen bescheidenen Portionen) gilt in China als wichtiges Lebensmittel für den Yang-Aufbau.

Frauen vom Yang-Typ werden als emotional und temperamentvoll beschrieben. Sie sind gerne in Fahrt, hassen die Untätigkeit und halsen sich gerne Arbeit auf, sind gesprächig und lebhaft. Ihr Gesicht ist eher voll und gerötet, der Appetit läßt nicht zu wünschen übrig, kalte Getränke werden bestens vertragen. Der Yang-Typ kühlt sich nach chinesischer Auffassung durch yinbetonte Lebensmittel ab. Fleisch erhitzt ihn zu sehr, so daß es zwei- bis dreimal pro Woche ausreicht.

Chinesische Heilkräuter werden auch bei uns immer häufiger verwendet. Bitte in der Schwangerschaft nur dann verwenden, wenn Sie die Bestandteile der Mischungen sicher als schwangerschaftsunschädlich ermitteln können!

Ist die Nährstoffversorgung gedeckt?

Sie können sich Anregungen aus der chinesischen Diätetik holen, wenn Sie spüren, daß Ihnen das Essen auf diese Art besser bekommt. Mir selbst sind etliche Hinweise sehr aufschlußreich und einleuchtend gewesen, für die es nach unserer westlichen Ernährungswissenschaft keine Erklärungen gibt: warum ich Joghurt direkt aus dem Kühlschrank absolut nicht vertrage (kühlend!), sondern nur, wenn er schon lauwarm geworden ist (damit können Sie andere Leute wiederum um den Häuserblock jagen), warum mir Gurkensalat nur im heißesten Hochsommer schmeckt (stark kühlend!) und ich Tomaten im Winter nicht hinunterbekomme (kühlend!). Sie ahnen vermutlich, daß ich ein Yin-Typ bin.

Aber: Bitte achten Sie auch bei solchen Ernährungsprinzipien bitte unbedingt darauf, daß die Nahrung ausgewogen bleibt und alle Anteile der Ernährungspyramide »bedient« werden. Immerhin verfügen wir ja hierzulande über Heizungen, warme Pullis und von der Gasflamme bis zum Ceranfeld über alles, womit man Nahrung erhitzen kann.

Ayurveda

Eine »Entschlackungskur«, gleich ob die ayurvedische »Ama-Therapie« bzw. »Pancha-Kosma-Kur« oder eine westliche Methode, sollten Sie während der Schwangerschaft nicht durchführen.

Auch in der altindischen Gesundheitslehre wird sehr viel Wert auf die Ernährung gelegt. Hier sind es drei Prinzipien (Doshas), Vata, Pitta und Kapha, die sich in unterschiedlicher Ausprägung in allem Lebenden wiederfinden. »Vata« ist die ätherische zarte Fee, »Pitta« die temperamentvolle Carmen und »Kapha« die gemütliche Frau Holle. Ist eines dieser Prinzipien bei Ihnen unterrepräsentiert (z.B. die bodenständige, phlegmatische Frau Holle), so sollten Sie das laut ayurvedischer Lehre mit entsprechender Nahrung stärken. Auch hier führt das zur Auswahl mehr oder weniger exotischer Speisen. Damit kann man seinen Speisezettel etwas abwandeln, sollte aber immer darauf achten, daß die Ernährung ausgewogen bleibt.

Ein interessantes Gebiet in der ayurvedischen Diätetik sind die Gewürze, die ebenfalls nach Vata-, Pitta- und Kaphabetonung unterteilt werden. Gehen Sie allerdings in der Schwangerschaft, besonders zu Beginn, sorgfältig damit um, denn Ihr Geruchssinn ist geschärft, und schnell einmal kommt es zu Übelkeit, besonders bei Verwendung ungewohnter Gewürze.

Makrobiotik

Bei allen sehr autoritären Behandlungsformen ist Mißtrauen angebracht.

Diese Ernährungsform beruft sich auf den Zen-Buddhismus und ebenfalls auf das Yin- und Yang-Prinzip. Erst in diesem Jahrhundert wurde sie in ihrer heutigen Form vom Japaner Oshawa entwickelt. Sie wird in verschiedenen »Stufen« praktiziert, die immer strenger werden. In höheren Stufen ist die makrobiotische Ernährung ausgesprochen einseitig, so daß in der Schwangerschaft dringend davon abgeraten werden muß. Hier wurde sogar über Todesfälle berichtet.

Einige Grundideen sind jedoch als positiv zu werten und wurden von Kushi zu einer Vollwertdiät weiterentwickelt. Soweit vom Verzehr von Zucker, Süßgetränken, künstlichen Farbstoffen, Konserven, künstlich gedüngtem Obst oder Gemüse, Kaffee, Schwarztee und »Nahrung, die von weither kommt«, abgeraten wird, ist nichts dagegen einzuwenden.

Vollwertkost

Es wurden zahlreiche Kostformen entwickelt, die als unterschiedliche Schattierungen der Vollwertkost gelten können. Hierunter fallen z.B. die Waerland-Kost, die Schnizer-Kost und die Evers-Diät (mit Einschränkungen: wenn sie nicht extrem gehandhabt werden) und die Ernährung nach Kollath. Solange solche Kostformen nicht zur Ideologie ausarten und Sie darauf achten, daß Ihr Speisezettel abwechslungsreich ist und nicht die unter »Vegetarismus« genannten Mängel zu befürchten sind, ist auch in der Schwangerschaft nichts dagegen einzuwenden.

Unsere mitteleuropäische Küche läßt genügend Spielraum für vernünftige Ernährung. Es müssen keine Extremdiäten sein!

Wie finden Sie sich in diesem »alternativen« Dschungel zurecht?

Wenn Ihr Appetit und Ihre Gelüste Ihnen etwas völlig anderes sagen als Ihre Ernährungs-Philosophie bzw. Ihr Verstand, sollten Sie mißtrauisch werden. Meistens haben die Körpersignale recht, und die Philosophie ist (zumindest für den speziellen Fall der Schwangerschaft) falsch!

Auch wenn Sie ständig ein schlechtes Gewissen plagt, weil Sie die »Diätvorschriften«, die Ihre Ernährungsphilosophie Ihnen macht, nicht einhalten können, liegt etwas schief. Am ehesten die Ernährungsphilosophie. Bedenken Sie bitte, daß jeder Protagonist einer bestimmten Diät über eine ganz individuelle Konstitution verfügte, die Sie möglicherweise selbst gar nicht haben. Was ihm bekam und wofür er sich begeisterte, kann für Ihren Körper, zumal noch in der Schwangerschaft, etwas ganz Falsches sein. Übrigens: Das waren doch fast alles Herren, die extreme Diäten kreierten. Schwanger war keiner von ihnen.

Nützliche Kräuter in der Schwangerschaft

Gerade werdende Mütter, die verantwortungsbewußt mit dem in ihnen wachsenden Leben umgehen, suchen sich bei den kleineren Beschwerden gern eine milde Alternative zu Pillen und Pulvern. In Heilkräutern ist diese Alternative oftmals zu finden. Was in der Schwangerschaft zu Ihrem Wohlbefinden beitragen kann und welche Kräuter Sie meiden müssen, lesen Sie hier.

Kräuter – immer gesund und harmlos?

Eine chinesische Kräutermedizin nehmen Sie in der Schwangerschaft bitte niemals ohne ärztlichen Rat ein. Die Anforderungen an die Arzneimittelsicherheit sind bei uns viel höher als in China. Die Arzneipflanzenmischungen sind oftmals nicht deklariert, so daß nicht bekannt ist, ob eine darin enthaltene Heilpflanze fruchtschädigend wirkt.

Neben den speziell gegen bestimmte Beschwerden wirksamen Inhaltsstoffen enthalten Heilkräuter noch andere nützliche Pflanzenstoffe wie Flavonoide, Mineralstoffe und andere. Es ist also eine gute Idee, wenn Sie statt Kaffee & Co. auf Kräutertees umschwenken möchten.

Immer stimmt die Gleichung pflanzlich = mild und harmlos jedoch nicht. Auch pflanzliche Drogen sind Medikamente, die in der Schwangerschaft mit derselben Sorgfalt ausgewählt werden sollten wie chemisch-pharmazeutische Präparate. Fragen Sie bitte im Zweifelsfall immer Ihren Arzt. In Tabelle 4 finden Sie Heilpflanzen, die Sie in der Schwangerschaft oder Stillzeit nicht ohne ärztlichen Rat oder überhaupt nicht anwenden sollten.

Woher Heilpflanzen beziehen?

Sie können Heilpflanzen selbst sammeln. Dazu brauchen Sie aber gute Kenntnisse darüber, welchen Pflanzenteil Sie verwenden müssen, wann Sie »ernten«, wie Sie die Droge weiter verarbeiten und lagern, schließlich auch, wie Sie sie dosieren und anwenden. In der Auswahl der Pflanze müssen Sie ohnehin sicher sein; Verwechslungen mit Vergiftungsfolgen sind auch bei Pflanzen, nicht nur bei Pilzen bekannt!

Die meisten werden die Heilpflanzen kaufen. Während man sich früher an die Kräuterhexe seines Vertrauens wandte, können Sie heute die Pflanzen im Reformhaus oder in der Apotheke erwerben. Im Supermarkt bekommen Sie gängige und praktisch abgepackte Kräuter; Kamillen-, Pfefferminz- und Hibiscus/Hagebuttentee sind jedem bekannt. Auch Brennesseltee oder Kräutermischungen bekommen Sie inzwischen im Discounter. Für den täglichen Kräutertee ist das völlig in Ordnung.

Im Reformhaus bekommen Sie auch Kräutertees für bestimmte traditionelle Heilanzeigen. Sie sind meist preiswerter als Kräuter aus der Apotheke, dafür werden an sie nicht unbedingt so hohe qualitative Anforderungen gestellt. Achten Sie bei Kräutermischungen bitte darauf, daß keine Pflanze enthalten ist, die Sie in der Schwangerschaft nicht anwenden sollten.

Pfefferminz-, Hibiscus- und Malventee können als Säure locker wirken. Wenn Sie Sodbrennen bekommen, bitte absetzen!

Die in der Apotheke lose verkauften Heilpflanzen unterliegen ganz bestimmten Vorschriften für den Anbau, die Ernte, die Weiterverarbeitung und Lagerung, so daß bestimmte Inhaltsstoffe hier möglichst verläßlich enthalten sind. Hier bekommen Sie also »richtige« Medikamente.

Tab. 5: In der Schwangerschaft nicht (oder nur nach sorgfältiger Abwägung durch den Arzt) anzuwendende Heilkräuter

Heilpflanze	Wirkung/Einsatzgebiet	Begründung
Bärentraubenblätter (Uvae ursi folium)	antibakteriell, in Nierentees bei Harnwegsinfekten	
Bromelain	Enzym, Verwendung in der naturheilkundlichen Therapie chronischer Entzündungen, bei Arthrosen u.a.	(nach sorgfältiger Abwägung erlaubt)
Chinarinde	In Tinkturen zur Anregung der Magensekretion (Amarum = Bitterstoff)	schädigt den Embryo, verursacht Geburtskomplikationen (Chinin in Softdrinks enthalten)
Birkenblätter, Goldrute, Orthosiphon	in harntreibenden Tees	aufgrund eingeschränkter Nierenfunktion nicht bei Ödemen anwenden (gesteigerte Flüssigkeitsbelastung!)
Fenchelöl	in verdauungsfördernden Tinkturen, evtl. zur Aromatherapie	wehenfördernd, beeinflußt u.U. das zentrale Nervensystem (Teeaufguß mit Fenchelsamen oder Fenchel als Gemüse ist harmlos!)

Fortsetzung Tabelle 5

Heilpflanze	Wirkung/Einsatzgebiet	Begründung
Herbszeitlose (Colchicin)	Gichtmittel	schädigt den Embryo
Hopfen in höherer Dosierung	in Beruhigungsmitteln	eine mögliche östrogenähnliche Wirkung wurde diskutiert. Ein Bierchen ab und zu ist, abgesehen vom zu bedenkenden Alkoholgehalt, harmlos
Huflattich, Lungenkraut, Pestwurz	in Atemwegstherapeutika, Bronchialtees	verursachen Keimschäden, in Zusammenhang mit Krebserkrankungen gebracht
Kava-Kava-Wurzelstock	wird zur Lösung von Angst und Spannungen, bei Nervosität eingesetzt	beeinflußt u.a. die zentralnervöse Steuerung
Laxanzien (pflanzliche Abführmittel): Aloe, Faulbaumrinde, Sennesblätter, Kreuzdorn, Rhabarber	Abführdragees, -granulate, -tees, Früchtewürfel	lösen u.U. Wehen aus. Im 1. und 3. Schwangerschaftsdrittel auf keinen Fall anwenden, im 2. Trimenon evtl. möglich.
Mäusedorn	in Venenmitteln	ausreichende Erfahrungen liegen noch nicht vor
Menthol	in Atemwegstherapeutika, auch bei Verdauungsstörungen	Anwendung (z.B. äußerlich) sorgfältig abwägen, löst u.U. Wehen aus
Mönchspfeffer (Keuschlamm)	zur Behandlung hormoneller Störungen	greift in die hormonelle Regulation ein
Petersilie	in Harnwegstherapeutika	schädlich für die Nieren, kann Wehen auslösen (als Gewürz oder Gemüse in üblichen Mengen harmlos!)

Fortsetzung Tabelle 5

Heilpflanze	Wirkung/Einsatzgebiet	Begründung
Meerzwiebel (Inhaltsstoff Proscillaridin)	in Herzmedikamenten	Anwendung sorgfältig abwägen
Schlangenwurzel (Rauwolfia)	in Herzmedikamenten	embryoschädigend
Rhapontikwurzel (verwandt mit Rhabarber)	zur Behandlung hormoneller Störungen	greift in die hormonelle Regulation ein
Salbeiöl	in Atemwegstherapeutika, u.U. in der Aromatherapie	beeinflußt das Nervensystem, kann Krämpfe auslösen (Salbei als Tee und Gewürz in üblichen Mengen sind harmlos)
Sonnenhutkraut	in abwehrsteigernden Medikamenten	Anwendung als Tropfen oder Tabletten in Absprache mit dem Arzt, keine Anwendung als Spritze
Süßholzwurzel	schleimhautschützend, in Magenmedikamenten	hormonelle Störungen bei Präparaten mit höherem Wirkstoffgehalt
pflanzliche Teere	äußere Anwendung, z.B. bei Neurodermitis	nierenschädigend, wenn die Inhaltsstoffe in die Blutbahn geraten
Wacholderbeere	in Nierentees	mögliche Einleitung einer Fehlgeburt in pharmakologischen Dosierungen (als Gewürz in üblichen Mengen eher harmlos)
Zimtrinde	in Magentinkturen (regt die Magensaftsekretion an, als Geschmackskorrigens in Tinkturen, als Aromaöl auch antibakteriell)	kann Wehen auslösen (als Gewürz in üblichen Mengen harmlos)

Sind Homöopathika und Bachblüten unbedenklich?

Heilkräuter oder pflanzliche Zubereitungen werden auch für Homöopathika, anthroposophische Medikamente und Bach-Blüten-Tropfen verwendet. Da sie »mild« und »sanft« wirken sollen, scheinen sie eine gute Alternative bei Schwangerschaftsbeschwerden zu sein. Gehen wir dem genauer nach.

Die Homöopathie ist eine besondere Therapierichtung mit dem Prinzip »Gleiches wird durch Gleiches geheilt«. Ein wäßriger Schnupfen mit Augentränen beispielsweise wird durch eine homöopathische Zubereitung der Zwiebel (Allium cepa), die selbst für Schnupfen und Tränen sorgt, behandelt. Die weitere Besonderheit der Homöopathie besteht darin, die Ausgangssubstanz (also z. B. Zwiebel) sehr stark zu verdünnen und sie dabei zu verschütteln. Die Trägersubstanz, in der verdünnt wird (Milchzucker oder Alkohol), erhält dadurch eine Information, die sie in den Körper trägt, wo aufgrund dieser Information die Selbstheilung mobilisiert wird. Daß die Ausgangssubstanz auf chemischem Weg bei höherer Verdünnung nicht mehr nachweisbar sei, ist daher kein Argument gegen die Wirkung der Homöopathie, die nicht mit der Substanz, sondern mit der Information eine Heilung bewirkt.

Die Verdünnung, genauer Potenzierung, findet in Zehner- (D-Potenz) oder Hunderterstufen (C-Potenz) statt. D2 ist eine zehn hoch zweifache Verdünnung, also auf ein Hundertstel der Ausgangssubstanz. C30 ist eine hundert hoch 30fache Verdünnung. Ab C15 ist die Ausgangssubstanz so weit verdünnt, daß sie sich nicht mehr nachweisen läßt.

In den sogenannten Tiefpotenzen ist die Ausgangssubstanz jedoch noch enthalten. Deshalb finden sich hier einige Homöopathika, deren Anwendung in der Schwangerschaft verboten ist, denn sie enthalten noch nachweisbare giftige Ausgangssubstanzen (z. B. Quecksilbersalze).

Achtung: Etliche als Homöopathika deklarierte Präparate enthalten die Ausgangssubstanz der Potenzierungsreihe, die Urtinktur (auf der Packung meist deklariert als Ø). Diese Urtinktur ist deshalb wie ein »normales« pflanzliches Heilmittel zu betrachten, mit den entsprechenden Gegenanzeigen in der Schwangerschaft.

Für die Bachblütentherapie wird als Ausgangssubstanz der Tau bestimmter Blüten und Sträucher verwendet und ähnlich wie die Homöopathika potenziert. Hier gibt es keine Bedenken in der Schwangerschaft.

Anthroposophische Medikamente verwenden teilweise homöopathisch aufbereitete Heilpflanzen (wie die Homöopathika aber auch mineralische und tierische Ausgangssubstanzen) und teilweise Urtinkturen. Beachten Sie hier deshalb die gleichen Einschränkungen wie bei den Homöopathika.

Beschwerden lindern mit Heilkräutern

Selbstverständlich gibt es auch gut geeignete Heilkräuter in der Schwangerschaft. Im folgenden sind einige genannt. Bereiten Sie sich aber bitte niemals dicke Tees zu, sondern nehmen Sie (auch wenn es anders auf der Packung steht) nur etwa 1–2 Teelöffel pro Liter Wasser. Tabelle 5 gibt Ihnen einen Überblick, welche Heilkräuter bei welchen Beschwerden geeignet sind. Sie sollten sich jedoch immer auch bei Ihrem Arzt rückversichern.

Bei Tinkturen und Tropfen sollten Sie den Alkoholgehalt bedenken. In üblicher Dosierung kann er vernachlässigt werden. Es soll jedoch Menschen geben, die sich ihr Schnäpschen in Form eines Melissengeistes genehmigen. Bitte nicht in der Schwangerschaft!

Wie jedes Medikament können auch pflanzliche Arzneien Nebenwirkungen entfalten. Nehmen Sie deshalb keine Kräuter-Tees, Kapseln oder Tropfen über längere Zeit ein!

Die Blase drückt

Wegen der veränderten Platzverhältnisse in der späteren Schwangerschaft hat die Blase weniger Platz. Sie kann sich jetzt unter Umständen sehr vehement melden. Trinken Sie deshalb lieber häufiger, aber in kleineren Portionen, und schielen Sie, wenn Sie unterwegs sind, immer einmal nach der nächstliegenden Toilette, damit Sie im »Ernstfall« nicht erst noch lange suchen müssen.

Gewürze und aromatische Öle

Etliche Heilpflanzen, aber auch Gewürzkräuter enthalten ätherische Öle, die eine heilende Wirkung entfalten können. Auch hierüber sollen Sie mehr erfahren, da es einen Unterschied ausmacht, ob Sie Basilikum in einem Insalata Caprese (köstlich: Tomatenscheiben mit Mozzarella, Basilikum, Balsamessig) oder als Aromaöl in einer Massage verwenden. Ersteres ist harmlos, letzteres in der Schwangerschaft nicht zu empfehlen. Ebenso verhält es sich mit Rosmarintee oder Rosmarinöl-Aromamassage. Die ätherischen Öle in einem Aromaöl sind hochkonzentrierte Substanzen, die auch ins Blut aufgenommen werden können. Da sie wesentlich stärker wirken als der Gesamtextrakt, können auch die eventuellen Nebenwirkungen verstärkt auftreten. Die Aromatherapie ist in der Schwangerschaft im allgemeinen eine günstige Methode, um zur Entspannung zu finden, die Laune zu heben oder den Kreislauf anzuregen. Wenn Sie nicht geruchsüberempfindlich sind, können Sie Aromaöl in eine Duftlampe geben. Das Geruchsempfinden ist im Gehirn sehr eng mit den Gefühlen verknüpft.

In den ersten Schwangerschaftsmonaten **ungeeignete** Aromaöle: Majoranöl, Salbei- und Muskatellersalbei-Öl; während der gesamten Schwangerschaft: Basilikumöl, Rosmarinöl, Ysop-Öl, Zimtöl.

Auch Aromamassagen können ausgesprochen wohltuend sein. Bitte achten Sie aber darauf, daß keine Aromaöle verwendet werden, die in der Schwangerschaft ungeeignet sind (siehe nebenstehender Text).

Tab. 6: In der Schwangerschaft nach Abwägung geeignete Heilkräuter

Beschwerden/Symptom	Heilkräuter
Schwangerschafts-erbrechen	Ingwer (kleingeschnittene oder gequetschte Wurzel mit Wasser ansetzen und 10 min kochen – oder Ingwerpulver)
Verdauungsförderung, Unterstützung der Leber	Löwenzahnkraut, Artischocke, Mariendistelfrüchte
Sodbrennen	schleimstoffhaltige Pflanzen wie Eibischwurzel oder Isländisch Moos. Keine Süßholzwurzel/medizinische Lakritze!
Verstopfung	Leinsamen geschrotet oder ungeschrotet oder Milchzucker, viel bewegen und trinken, Vollkornprodukte essen!
Venenleiden	Roßkastanie, nur nach ärztlicher Absprache! Kompressionsstrümpfe, Bewegung, kalte Wickel sind hier absolut vorrangig
Schlafstörungen	Melisse, Baldrian (bei Magenunverträglichkeit Fertigpräparat geeigneter), Passionsblume
Schwangerschafts-ausfluß	Sitzbad mit Taubnesselblüten-Aufguß
Kreislaufbeschwerden	in enger Absprache mit dem Arzt Rosmarin (anregend), Weißdorn (herzstärkend), Mistel (blutdrucksenkend). Regelmäßige Bewegung und Wechselanwendungen (warm-kalte Dusche, Wassertreten usw.) sind zur Kreislaufstabilisierung vorzuziehen!

Kräuter sind teilweise wirksame Medikamente. Bitte nicht über längere Dauer die gleichen in höherer Dosierung anwenden und nur in vernünftigen Mengen, nicht 20 Tassen pro Tag!

Bücher zum Weiterlesen

Schwangerschaft und Geburt

Der große TRIAS-Ratgeber Schwangerschaft und Geburt. Mit ausführlichem Sonderteil für die ersten Monate: Mein Baby und ich. Balaskas, J., Gordon, Y.; TRIAS 1997

Die besten Hausmittel für eine unbeschwerte Schwangerschaft und Stillzeit. Die 37 häufigsten Beschwerden natürlich behandeln: So fühlen Sie sich wohl. Ohne Nebenwirkungen für Sie und Ihr Baby. Meyer-Rebentisch, K., Krüger, A.; TRIAS 1999

Beckenbodentraining. Die weibliche Basis erspüren, schützen und kräftigen. Kichenham-Pec, S., Bopp, A.; TRIAS 1997

Ernährung

So ernähre ich mein Baby richtig und gesund. Der praktische Ernährungsratgeber für das erste Jahr: viele Tips rund ums Stillen, Fläschchen und den ersten Brei. Dohmen, B.; TRIAS 1999

Vegetarische Ernährung: Gesund und bewußt essen. Alles was Ihr Körper braucht: ausgewogenes Essen ohne Fleisch. Praktische Tips auch für Einsteiger. Mit vielen köstlichen Rezepten aus der Vollwertküche. Leitzmann, C., Hahn, A.; TRIAS 1998

Die 30-Minuten Bioküche. Gesund ernähren mit naturbelassenen Zutaten. Furtmayr-Schuh, A.; TRIAS 1996

Babys und Kinder

Die ungestörte Entwicklung Ihres Babys. Wie Sie die natürliche Bewegung unterstützen und Fehlhaltungen vermeiden. Zukunft-Huber, B.; TRIAS 1998

Babys – so verschieden und doch gleich. Warum Babys sich individuell entwickeln. Mehr Sicherheit für Eltern in den ersten sechs Monaten. Brüggemann, J.H.; TRIAS 1996

Wie Sie Ihr Baby mit sanfter Massage verwöhnen. Mit farbigem Poster fürs Kinderzimmer. Ahr, B.; TRIAS 1998

Kranke Kinder ganzheitlich behandeln. Nutzen Sie alle Möglichkeiten der Naturheilkunde, Homöopathie, Schul- und Alternativmedizin. Berger, H.-C., Berger, K.-M.; TRIAS 1998

Jedes Kind kann schlafen lernen. Vom Baby bis zum Schulkind: Wie Sie Schlafprobleme Ihres Kindes vermeiden und lösen können. Kast-Zahn, A., Morgenroth, H.; O&P-Verlag 1995

Dank

Ganz herzlich danken möchte ich Uta Spieldiener aus dem TRIAS Verlag, die mich zu diesem Buch »anstiftete« und seine Entstehung begleitete, und Professor Ernst-Gerhard Loch, meinem ärztlichen Vorbild.

Zum Loslegen: Köstlich-gesunde Rezepte

Gesunde Küche – ist die nicht fad? Ganz in Gegenteil! Hier finden Sie Anregungen, teils italienisch, teils fernöstlich inspiriert, wie Sie sich und Ihrem Baby zuliebe schlemmen können, ohne allzu lange in der Küche zu stehen. Auch auf Süßes oder Snacks brauchen Sie nicht zu verzichten.

Schleckwerk und Pikantes

Süßes oder etwas zum Knabbern muß bei manchen hin und wieder sein. Hier bekommen Sie einige gesunde Alternativen zu gekauften Riegeln, Chips & Co.

Bananen-Früchte-Riegel

Reich an Magnesium und Kalium

Zutaten für 10 Riegel

Für die Füllung:	
6	*Backpflaumen oder Datteln*
4	*getrocknete Feigen*
1	*mittelgroße Banane*
3 EL	*Kokosraspeln oder gemahlene Mandeln*
1 EL	*Zitronensaft*
1	*Prise Zimt*

Für den Teig:	
100 g	*Weizenvollkornmehl*
80 g	*Vollkorn-Haferflocken*
25 g	*Weizenkeime*
1/2 TL	*Backpulver*
1 EL	*Sonnenblumenkerne*
1 EL	*Haselnüsse oder Mandeln*
1	*Becher Joghurt (150 g, 3,5 % Fett)*
	evtl. 1 gehäufter EL Zucker
2 EL	*Sahne oder Milch*

Nährstoffgehalt pro Riegel

172 kcal

5 g Eiweiß
4 g Fett
30 g Kohlenhydr.

- Die Datteln oder die in Wasser eingeweichten Backpflaumen und die Feigen sowie die Banane kleinschneiden, mit 1 EL Kokosraspeln, dem Zitronensaft und dem Zimt verrühren.
- Den Backofen auf 175° C vorheizen.
- Die Sonnenblumenkerne und die Haselnüsse ca. 10 Minuten in einer trockenen Pfanne goldgelb rösten.
- Das Vollkornmehl, die Haferflocken, die Weizenkeime, das Backpulver, die Sonnenblumenkerne und die grobgehackten Haselnüsse vermischen.
- Den Joghurt mit der Sahne (und ggf. mit dem Zucker) verrühren und mit der Mehlmischung zu einem Teig verarbeiten. Bleibt er klebrig, etwas gemahlene Haselnüsse oder Mandeln zufügen; ist er zu bröckelig, Sahne oder Milch dazu geben.
- Das Backblech mit Backpapier auslegen, die Hälfte der Teigmasse auf 20 x 20 cm messerrückendick ausrollen und auf das Backblech legen. Die Früchtefüllung auf den Teig streichen, mit dem restlichen Teig bedecken, mit den verbliebenen Kokosflocken bestreuen und bei 175° C etwa 35 Minuten backen.
  Vor dem Schneiden abkühlen lassen.

Aurora
Urkraft des Keimes

Gemüseecken mit Käse

Reich an günstigen Fetten und Kalzium

Zutaten für 18 Stück

Für den Teig:	
250 g	*dunkles Weizenmehl (Type 1050) oder Weizenmehl mit Keimen*
1	*Würfel Frischhefe (42 g)*
1 TL	*Zucker*
3 EL	*lauwarmes Wasser*
1	*knapper TL Salz, 1 Prise Pfeffer*
3 EL	*Pflanzenöl*
3 EL	*lauwarmes Wasser*

Für den Belag:	
3	*Eier*
1	*knapper TL Salz, 1 Prise Pfeffer*
1-2	*Zehen Knoblauch*
100 g	*geriebener Emmentaler*
1	*Becher Crème fraîche (à 200 g)*
1 EL	*Milch*
1 EL	*gehackte Kräuter (z. B. Schnittlauch, Petersilie, Kresse, Dill, frisch oder tiefgefroren)*
100 g	*Lauch*
100 g	*rote Paprika (1 mittelgroße Schote)*
150 g	*Mais aus der Dose*

Nährstoffgehalt pro Gemüseecke

175 kcal

7 g Eiweiß
10 g Fett
13 g Kohlenhydr.

Teig:

- Hefeteig wie nebenstehend beschrieben bereiten.
- Alle übrigen Zutaten zum Vorteig geben und zu einem glatten Teig verarbeiten. 20 Minuten gehen lassen.
- Den Teig auf das gefettete Blech geben und ausrollen. Nochmals 20 Minuten an einem warmen Ort gehen lassen.

Belag:

- Eier, Salz, Pfeffer, gepreßten Knoblauch, Käse, Crème fraîche, Milch und gehackte Kräuter verrühren (Käseguß sollte nicht zu flüssig sein).
- Lauch und Paprika putzen, Lauch in Ringe und Paprika in Streifen schneiden.
- Lauch, Paprika und abgetropften Mais mischen und auf dem Teig verteilen, den Käseguß darübergeben.
- Bei 200° C im vorgeheizten Backofen auf mittlerer Schiene 45-55 Minuten backen.
- Den Kuchen zweimal längs und zweimal quer in 9 Quadrate schneiden. Jedes Quadrat nochmals quer halbieren, so daß 18 Dreiecke entstehen. Warm oder kalt servieren.

Tip

Die Gemüseecken können auch mit anderem Gemüse (Brokkoli, Zucchini, Champignons, Cocktailtomaten) belegt werden.

Hefe-Vorteig

Die Hefe mit lauwarmem Wasser, 1 EL Mehl und 1 TL Zucker vermischen und 1/4 Stunde gehen lassen.
Das restliche Mehl in eine Schüssel geben, den Vorteig in eine vorbereitete Kuhle geben, mit etwas Mehl vermischen und 1 cm Mehl darüber geben. Nochmals gehen lassen.

Frühstück – flott und gesund

Zeit soll das Genießen beanspruchen, nicht das Zubereiten. Damit Sie morgens etwas Gesundes für Sie beide in den Magen bekommen, hier einige schnelle Müsli-Varianten.

Hafermüsli mit Obst

Zutaten für 2 Personen

6 EL	*Müsli-Mischung*
2	*mittelgroße Bananen*
2	*Äpfel*
1/4 l	*fettarme Milch (1,5 % Fett) oder 2 Becher fettarmer Joghurt (1,5 % Fett)*
2-4 TL	*Honig*

Nährstoffgehalt pro Portion

480 kcal
15 g Eiweiß
10 g Fett
80 g Kohlenhydr.

- Die Bananen schälen, in Scheiben schneiden, die Äpfel grob raffeln.
- Die Müsli-Mischung mit der Milch oder dem Joghurt verrühren. Die Bananen und den Apfel locker unterheben und mit Honig süßen.

Tip

Sie können das Obst auch variieren. Kiwi in Müsli schmeckt allerdings bitter!

Schnelles Bananenfrühstück

Bananen sind Magnesium- , Kalium- und Kraftspender

Zutaten für 2 Personen

2	*kleine Bananen*
3 EL	*Haferflocken*
300 ml	*Vollmilch*
1/2-1 EL	*Zitronen- oder Orangensaft*
	nach Geschmack Honig oder wenig Zucker
1 Prise	*Zimt*

Nährstoffgehalt pro Person

250 kcal

9 g Eiweiß
7 g Fett
37 g Kohlenhydr.

- Die Haferflocken in einer beschichteten Pfanne ohne Fett leicht anrösten, abkühlen lassen.
- Die Bananen schälen und mit dem Saft im Mixer oder mit dem Schneidestab pürieren.
- 2 EL Haferflocken, Milch, Zimt und Honig (oder Zucker) hinzufügen und noch einmal kräftig durchmixen, in Gläser gießen und mit den restlichen Haferflocken bestreuen.

Schnelles am Abend und für Parties

Sie finden hier Rezepte für abends, die Sie gut vorbereiten können. So sind Sie gewappnet gegen den schnellen ungesunden Snack aus Koch-Unlust.

Eingelegte Mini-Mozzarelli

Kalziumreich; aber Vorsicht: enthält recht viel Fett!

Zutaten für 4 Personen

40	*Mini-Mozzarellakugeln (300 g)*
3	*Knoblauchzehen*
1 Stück	*unbehandelte Zitronenschale*
1/2 Bund	*frischer Thymian*
1 Stück	*Rosmarinzweig*
2-3 TL	*geschroteter Pfeffer*
3 EL	*Rotweinessig*
250 ml	*Sonnenblumenöl*

Nährstoffgehalt pro Person

330 kcal

15 g Eiweiß
30 g Fett
6 g Kohlenhydr.

- Den Mozzarella gut abtropfen lassen. Den Knoblauch schälen und halbieren. Die Zitronenschale in feine Streifen schneiden. Die Kräuter waschen und mit Küchenkrepp trockentupfen.
- Die Mozzarellakugeln abwechselnd mit dem Knoblauch, der Zitronenschale, den Kräutern und dem Pfeffer in ein Glas schichten.
- Den Rotweinessig darüberträufeln. Dann mit Sonnenblumenöl auffüllen, bis alle Zutaten bedeckt sind.
- Das Glas gut verschließen. Im Kühlschrank aufbewahren. Innerhalb von einer Woche verbrauchen.

Tip

Dazu passen: Kirschtomaten und frisches Dinkel-Baguette

THOMY

Kleine Gemüse-Pizzas

Viele Mineralstoffe und sekundäre Pflanzenstoffe

Zutaten für 10 Stück

Für den Teig:	
1/2	*Fertigmischung Pizza-Teig oder Hefeteig (Seite 120)*
50 g	*geriebener mittelalter Gouda*

Für den Belag:	
200 g	*Kirschtomaten*
1	*Zwiebel*
1	*kleine Zucchini*
je 1	*rote und gelbe Paprika*
50 g	*Zuchtpilze (z.B. Austernpilze oder Champignons)*
2	*Frühlingszwiebeln*
1-2	*Knoblauchzehen*
50 g	*gekochter Schinken*
je 75 g	*Mozzarella, Emmentaler, Camembert*
	Salz, Pfeffer
	Majoran, Thymian, Basilikum, Schnittlauch
	etwas Öl zum Beträufeln

Nährstoffgehalt pro Stück

120 kcal

6 g Eiweiß
5 g Fett
11 g Kohlenhydr.

- Den Teig nach Packungsanweisung oder wie auf Seite 120 beschrieben zubereiten und mit dem Gouda verkneten. Den Teig zu einer Rolle formen und in 10 gleich große Stücke schneiden.
- Die Stücke zu Kugeln formen, rund ausrollen (ca. 10 cm Durchmesser), mit dem Daumen einen Rand eindrücken, den Boden mit einer Gabel mehrmals einstechen.
- Das Gemüse putzen und waschen. Die Tomaten in Scheiben oder Hälften schneiden, die Zucchini und Pilze in Scheiben schneiden, die Paprikaschoten würfeln, die Zwiebel in Ringe schneiden, den Knoblauch hacken.
- Den Emmentaler grob reiben, den Camembert und den Mozzarella in Scheiben schneiden.

Den Teig je nach Lust und Laune mit folgenden Kombinationen belegen:

- 1. Tomaten, gelbe Paprikaschote, Pfeffer, Salz, Thymian, Knoblauch, Emmentaler.
- 2. Tomaten, Schinken, Zwiebeln, Pfeffer, Majoran, Mozzarella.
- 3. Pilze, Paprika, Knoblauch, Salz, Pfeffer, Camembert.
- 4. Zucchini, Tomaten, Paprika, Zwiebeln, Thymian, Salz, Pfeffer, Emmentaler.
- Die Gemüsekuchen bei 180° C bis 200° C ca. 12 Minuten backen, mit frischen Kräutern bestreut sofort servieren.

Pikante Dips

Zutaten für 2 Personen

250 g	*Magerquark*
4 EL	*Milch*
	Salz, weißer Pfeffer
1	*Paprikaschote*
1	*kleine Zwiebel*
	Edelsüß-Paprika
3 Zweige	*frischer Basilikum*
1 Stiel	*Thymian*
1 Bund	*frischer Kerbel*
1/2 Bund	*Schnittlauch*
1 TL	*Zitronensaft*

Nährstoffgehalt pro Person

109 kcal

18 g Eiweiß
1 g Fett
7 g Kohlenhydr.

- Paprika putzen, waschen, halbieren und eine Hälfte würfeln. Die Zwiebel schälen und kleinschneiden.
- Den Quark mit Milch glattrühren. Unter die eine Hälfte Zwiebeln und Paprikawürfel rühren.
- Mit Salz, Pfeffer und Paprika abschmecken, in die zweite Paprikahälfte füllen.
- Für den zweiten Dip Kräuter waschen, fein schneiden und unter den Rest Quark mischen. Mit Salz, Pfeffer und Zitronensaft würzen.

Schnell und vollwertig

Sie wollen sich nicht stundenlang in die Küchenzeile klemmen. Doch halt, bevor Sie nun zu einem Fertiggericht greifen: hier gibt es schnelle, aber vollwertige Alternativen! Ein Tip für die Nudelgerichte: Vollwert-Einsteiger mischen Vollkornnudeln anfangs mit den bisher gewohnten Nudeln, um sich allmählich an den anderen Geschmack zu gewöhnen. Bitte beachten Sie aber die unterschiedlichen Kochzeiten!

Kartoffelcarpaccio mit Egerlingen

Kaliumreich, mit günstigen Fetten

Zutaten für 2 Personen

2	*mittelgroße Kartoffeln*
75-100 g	*Egerlinge*
1 Zweig	*Rosmarin*
1	*kleine Knoblauchzehe*
	Salz, Pfeffer
5 EL	*Olivenöl*

Nährstoffgehalt pro Portion

327 kcal
3 g Eiweiß
30 g Fett
12 g Kohlenhydr.

- Die Kartoffeln schälen und in sehr feine Scheiben schneiden (z.B. mit der Küchenmaschine).
- 2 hitzefeste Teller etwas einölen und dünn mit den Kartoffelscheiben belegen. Die Scheiben mit Salz und Pfeffer würzen und vorsichtig mit Öl bepinseln. Teller in den vorgeheizten Grill geben, 10 Minuten gratinieren.
- Währenddessen die Pilze putzen, vierteln und in einer Pfanne mit Knoblauch und Öl dünsten.
- Abschließend die Pilze auf dem Carpaccio anrichten und heiß servieren.

Salsa piccante

Wertvolle Fettsäuren, aber Vorsicht mit der Menge!

Zutaten für 2 Portionen

100 g	*Ricotta*
3 EL	*Sonnenblumen- oder Olivenöl*
2-3	*in Öl eingelegte Sardellenfilets*
1 EL	*feingehackte Haselnüsse*
1	*Knoblauchzehe*
1 EL	*feingehackte glatte Petersilie*
50 g	*grüne oder schwarze Oliven ohne Steine*

Nährstoffgehalt pro Portion

284 kcal

5 g Eiweiß
28 g Fett
3 g Kohlenhydr.

- Den Ricotta mit dem Salatöl, den Sardellenfilets, den Haselnüssen und dem durchgepreßten Knoblauch im Mixer fein pürieren. Die Petersilie unterrühren. Die Oliven in Scheibchen schneiden und zuletzt hinzufügen.

Tip

Dazu passen (Vollkorn-)Nudeln.

Die Ricotta-Sardellen-Paste in ein Glas füllen und gut verschließen. Innerhalb von 3-4 Tagen verbrauchen.

Gnocchi mit Apfelsauce

Kaliumreich

Zutaten für 2 Portionen

400 g	*mehligkochende Kartoffeln*
75-100 g	*Weizenvollkornmehl*
1 TL	*Salz*
1	*Ei*

Für die Apfelsauce:	
2	*Äpfel, z. B. Jonagold*
	Saft einer Zitrone
1/2 EL	*Butter*
50 ml	*Apfelsaft*
100 g	*Lauch*
100 g	*Stangensellerie*
1/8 l	*Gemüsebrühe*
	getrockneter oder frischer Majoran
1 EL	*Crème fraîche*
	Salz, Pfeffer

Nährstoffgehalt pro Portion

412 kcal

11 g Eiweiß
8 g Fett
74 g Kohlenhydr.

- Die Kartoffeln waschen und mit der Schale weichkochen. Die Kartoffeln heiß schälen und sofort durch die Kartoffelpresse auf eine Arbeitsfläche drücken, etwas auskühlen lassen.
- Dann mit dem Mehl, dem Ei und dem Salz mischen und gut durchkneten. Den Teig ca. 15 Minuten ruhen lassen.
- Währenddessen in einem breiten Topf Wasser mit Salz zum Kochen bringen.

- Mit Hilfe von Teelöffeln Nocken abstechen und im siedenden Wasser 5 Minuten garen.
- Sobald sie an die Oberfläche steigen, mit einer Schaumkelle herausheben und warmstellen.
- Für die Sauce die Äpfel entkernen und würfeln.
- Den Lauch und den Sellerie putzen und waschen, ebenfalls würzen und in der Butter andünsten.
- Mit der Gemüsebrühe, dem Apfelsaft und Zitronensaft angießen, den Majoran hinzufügen und einkochen lassen.
- Sobald die Sauce sämig ist, Crème fraîche unterrühren und mit Salz, Pfeffer und evtl. etwas Honig abschmecken. Die Nocken mit der Sauce servieren.

Tip

Wenn es schneller gehen soll, können Sie auch fertige Gnocchi aus dem Kühlregal im Supermarkt kaufen.

Vollkornspaghetti mit Gemüsesoße

Mineralstoffreich

Zutaten für 2 Personen

300 g	*Vollkornspaghetti*
3 TL	*Olivenöl*
2 EL	*Butter*
1	*große Zwiebel*
1/2	*gelbe Paprikaschote*
je 60 g	*Karotte, Sellerie, Aubergine*
1	*Tomate*
1	*kleine Zucchini*
	Schnittlauch, Thymian
2 TL	*Stärke*
200 ml	*Gemüsefond (1 Glas)*
	Salz, Pfeffer
20 g	*Parmesan*

Nährstoffgehalt pro Portion

518 kcal

16 g Eiweiß
27 g Fett
53 g Kohlenhydr.

- Die Vollkornspaghetti in Salzwasser und 1 TL Öl bißfest garen, abschrecken und beiseite stellen.
- Das Gemüse waschen und würfeln. Die Tomaten überbrühen, häuten und das Tomatenfleisch würfeln.
- Das vorbereitete Gemüse in einer Mischung aus 2 TL Olivenöl und 1 EL Butter andünsten, mit Salz und Pfeffer würzen und mit Gemüsefond auffüllen.
- Die Stärke mit 1 EL kaltem Wasser anrühren und in die heiße Soße einrühren, aufkochen lassen. Die gebundene Soße mit den feingehackten Kräutern vollenden. Den restlichen EL Butter erhitzen, aufschäumen und die Spaghetti hinzugeben, kurz miterhitzen.
- Die Spaghetti mit der Gemüsesoße anrichten. Dazu frisch geriebenen Parmesan reichen.

Nudeln
machen
glücklich

Crêpes mit Champignons

Zutaten für 2 Portionen

Für die Crêpes:	
1	*Ei und Eigelb*
	Salz
120 ml	*Milch*
100 g	*Mehl*

Für die Füllung:	
100 g	*Champignons*
1 kleine	*Zucchini*
1/2	*Kohlrabi*
1	*kleine Möhre*
2 EL	*Butter*
1	*kleine Zwiebel*
1/2	*Bund Kerbel, Salz, Pfeffer*

Nährstoffgehalt pro Person

620 kcal

20 g Eiweiß
32 g Fett
56 g Kohlenhydr.

- Die Zutaten für die Crêpes in einer Schüssel gut verrühren, 1/2 Stunde quellen lassen.
- In der Zwischenzeit Möhre und Kohlrabi schälen, Champignons putzen und in Scheiben schneiden.
- Mit einem Kugelausstecher aus der Zucchini, dem Kohlrabi und der Möhre kleine Kugeln herauslösen. Die Zwiebel würfeln, in 1 EL Butter glasig dünsten.
- Die Champignonscheiben, die Möhren- und Kohlrabiperlen dazugeben und 5 Minuten dünsten. Mit Salz und Pfeffer würzen. Zum Schluß kleingeschnittenen Kerbel dazugeben.
- In einer beschichteten Pfanne mit wenig Butter dünne, goldbraune Crêpes backen.
- Die Gemüsefüllung darauf verteilen und den Crêpe zur Hälfte über die Füllung schlagen.

Etwas Frisches: Salate

Ob als Beilage oder als Zwischenmahlzeit: Salate sind aus einer kerngesunden Küche nicht wegzudenken. Wertvoll sind sie nicht nur, weil in Rohkost die Vitamine voll erhalten bleiben, sondern auch wegen der im Salat verwendeten Öle mit günstigen Fettsäuren.

Champignonsalat nach Bauernart

Viele antioxidative Pflanzenstoffe

Zutaten für 2 Personen

250 g	frische Champignons
2 EL	Apfelessig
150 g	Tomaten
	je eine halbe rote und grüne Paprikaschote
2 TL	Tomatenketchup
1/2 TL	Senf
1/2 TL	geriebener Meerrettich
	Salz, schwarzer Pfeffer
2 EL	Speiseöl (Sonnenblumen-, Olivenöl)

Nährstoffgehalt pro Person

620 kcal

20 g Eiweiß
32 g Fett
56 g Kohlenhydr.

- Champignons säubern und vierteln. Tomaten waschen und achteln. Paprikaschoten putzen und in Streifen schneiden.
- Die Champignons mit Apfelessig beträufeln, Tomatenachtel und Paprikastreifen unterheben. 10 Minuten ziehen lassen.
- Essig abgießen. Aus Essig, Tomatenketchup, Senf, Meerrettich, Salz, Pfeffer und dem Speiseöl eine Marinade bereiten. Über den Salat gießen.

West-östlicher Salat

Bitter-süßes fördert die Verdauung

Zutaten für 2 Personen

1	*kleiner Blattsalat (z. B. Frisée, Lollo bianco, Eisbergsalat)*
100 g	*Chicorée*
1/2	*rote Paprika*
75 g	*frische Sojasprossen*
1/2	*reife Mango*
1/2	*Beet Kresse*
1/2	*kleine Zwiebel*
2 EL	*Traubenkernöl*
1 EL	*Sherry-Essig*
1 EL	*Soja-Sauce*
	grober Pfeffer

Nährstoffgehalt pro Person

166 kcal

5 g Eiweiß
10 g Fett
11 g Kohlenhydr.

- Salat, Chicorée, Paprika und Sojasprossen putzen und waschen. Salat in mundgerechte Stücke zupfen. Paprika in feine Streifen schneiden. Mango schälen und das Fruchtfleisch in dünnen Spalten vom Kern schneiden bzw. Mangospalten abtropfen lassen.
- Alles mit Kresse in einer Schüssel mischen. Zwiebel abziehen, fein hacken, mit Öl, Essig, Soja-Sauce und Pfeffer zu einer Sauce verrühren und über den Salat geben.

Würziger Blattspinat mit Sesamsauce

Viel Kalium und Kalzium

Zutaten für 2 Portionen

500 g	*frischer Blattspinat*
2 TL	*Sesamöl*
1 EL	*Soja-Sauce*
30 g	*weiße Sesamsamen*
2 EL	*Hühnerbrühe*
1 Prise	*Chilipulver*
	Pfeffer

Nährstoffgehalt pro Person

110 kcal

8 g Eiweiß
5 g Fett
7 g Kohlenhydr.

- Den Spinat waschen, putzen, entstielen. In einem Topf mit reichlich mit Sesamöl und Soja-Sauce gewürztem Wasser abschrecken.
- Die Sesamsamen in einer trockenen Pfanne gleichmäßig rösten. Einen Löffel davon beiseite stellen.
- Die übrigen Samen im Blitzhacker oder Mixer zu einer dicken Paste zerkleinern, mit Soja-Sauce würzen und mit Brühe oder Spinatkochwasser zu einer cremigen Sauce glattrühren. Mit Chilipulver und Pfeffer abschmecken.
- Den Spinat mit der Sauce mischen, auf einer Platte anrichten und zum Schluß mit den restlichen Sesamsamen bestreuen.

So mögen Sie Gemüse

Wenn Sie viel Gemüse essen, bekommen Sie reichlich Vitamine, Mineralstoffe, pflanzliche Schutzstoffe – und außerdem werden Sie rundum satt, ohne sich zu belasten. Hier einige Anregungen.

Chicorée überbacken mit Allgäuer Käse

Zutaten für 2 Portionen

500 g	*Chicorée*
1 EL	*Butter*
2 TL	*Mehl*
1 TL	*Anissamen*
4 EL	*Schlagsahne*
	Salz, weißer Pfeffer, Muskat
150 g	*gekochter Schinken*
125 g	*geriebener Allgäuer Käse*

Nährstoffgehalt pro Person

460 kcal

33 g Eiweiß
32 g Fett
10 g Kohlenhydr.

- Die Chicoréestauden putzen und den Strunk herausschneiden. In Salzwasser 6 Minuten köcheln lassen, und anschließend in einer Auflaufform nebeneinander anordnen. Kochwasser aufbewahren. Den Backofen auf 180° C vorheizen.
- In der Zwischenzeit die Butter in einem Topf zerlassen, das Mehl und den Anissamen darin anschwitzen und mit 1/8 l Chicoréewasser ablöschen. Die Sauce ca. 10 Minuten köcheln lassen, dann die Sahne hinzufügen und mit Salz, Pfeffer und Muskat abschmecken.
- Den Schinken in grobe Streifen schneiden und auf dem Chicorée verteilen. Alles mit der Sahnesauce begießen und mit dem Käse bestreuen.
- Den Auflauf im Backofen ca. 15 - 20 Minuten überbacken.